Introducing PuzzleWhiz: Your Weekly Brain Boost!

Are you ready to supercharge your brain, sharpen your mind, and have a blast doing it? Welcome to **PuzzleWhiz**, your ultimate companion for weekly mental challenges that are as fun as they are brain-boosting! Designed to keep your mind sharp and entertained, PuzzleWhiz is the perfect way to unwind while giving your cognitive skills a serious workout.

Why Choose PuzzleWhiz?

- **Fresh Challenges Every Week:** Each issue of PuzzleWhiz Word Search is packed with a new set of thrilling puzzles, No two weeks are the same, keeping you on your toes with fresh challenges designed to engage and excite.

- **Scientifically Proven Brain Benefits:** Did you know that solving puzzles regularly can improve memory, enhance problem-solving skills, and even boost IQ? PuzzleWhiz offers a fun and engaging way to keep your brain active, with puzzles that are scientifically proven to benefit mental health.

- **Perfect for All Ages:** Whether you're 8 or 80, PuzzleWhiz is designed to challenge and delight every puzzle enthusiast. It's the perfect way to spend quality time with family or enjoy some well-deserved "me time."

- **Stay Ahead with Monthly and Yearly Subscriptions:** Don't miss a single issue! Subscribe monthly and get 4 exciting issues delivered straight to your door—or go all-in with our **Yearly Bundle** of 52 issues, including a special edition that you can't find anywhere else!

- **Exclusive Special Editions:** Our annual subscribers receive a **Special Edition** packed with bonus puzzles, expert tips, and exclusive content that takes your puzzle-solving skills to the next level. This edition alone is worth the price of admission!

Your Subscription Options:

1. **Weekly Thrills:** Grab your PuzzleWhiz every week and enjoy fresh, exciting puzzles that will keep your brain buzzing.

2. **Monthly Bundle of 4:** Save more and stay ahead of the game! Get a bundle of 4 issues delivered each month, ensuring you never miss a week of mental fun.

3. **Yearly Subscription with Special Edition:** The ultimate package for puzzle enthusiasts! Get 52 weeks of PuzzleWhiz plus a collectible special edition that celebrates the very best of brain challenges with exclusive puzzles, brain-boosting tips, and more.

Don't Just Play—Train Your Brain with PuzzleWhiz!

With PuzzleWhiz, every week is a new opportunity to challenge your mind, improve your cognitive skills, and have a blast doing it. Our puzzles aren't just games—they're brain workouts designed to keep you sharp, focused, and ready for anything life throws your way.

Why PuzzleWhiz and What does it offer?

PuzzleWhiz isn't just another puzzle book—it's your gateway to a world of endless mental challenges, creativity, and fun. Whether you're a seasoned puzzle solver or just looking for a way to keep your mind sharp, PuzzleWhiz is crafted to be the perfect companion for everyone.

Here's why PuzzleWhiz is the best choice: Puzzles are more than just a pastime; they are powerful tools that challenge and stimulate the human mind. From word games to number challenges, puzzles engage cognitive functions, enhance problem-solving skills, and boost mental agility. Research shows that engaging in puzzles can improve brain function, memory, and even delay cognitive decline, making them invaluable for people of all ages. Below, we explore a variety of puzzles and their specific benefits to the human mind and life.

Word Search

A word search is a puzzle that requires players to find hidden words in a grid of letters. Words can appear horizontally, vertically, or diagonally.

Word searches are simple, yet addictive. There's nothing quite like the thrill of spotting a tricky word hidden in plain sight! From quick 5-minute puzzles to deeper, more challenging hunts, this book will take you on a journey through themed words you'll love. Grab your favorite pen or pencil—let's get started!

Importance: Word searches improve pattern recognition, vocabulary, and spelling skills. They also enhance visual scanning and focus, which are critical skills in everyday tasks. Studies have shown that word search puzzles activate the brain's language and memory areas, contributing to cognitive resilience (Smith, 2020).

Tips to Tackle Word Search Puzzles Like a Pro

Here are some tried-and-true tips to help you master these puzzles:

1. **Give the Grid a Quick Look:** Skim the puzzle first to see if any words jump out right away. It's a good way to get the momentum going.

2. **Start with Unique Letters:** Words with unusual letters—like X, Z, or Q—are easier to spot. Zero in on those first.

3. **Think in All Directions:** Words can run vertically, horizontally, diagonally, or even backward. Stay flexible!

4. **Mark as You Go:** Cross out words once you find them—it keeps things neat and avoids confusion.

5. **Use the Word List for Hints:** If you're stuck, go back to the word list to break it down. Look for starting letters or clusters.

6. **Take Breaks if Needed:** Don't get frustrated, sometimes stepping away and coming back with fresh eyes makes all the difference.

7. **Watch for Overlaps:** Keep an eye out, some puzzles are sneaky with words sharing letters!

Why Word Search Puzzles Are Amazing for You

Solving word searches isn't just fun, it's actually great for your brain and well-being!

- **Builds a Better Vocabulary:** You'll learn new words and strengthen your spelling without even realizing it.

- **Improves Focus and Attention:** Word searches train your brain to focus, ignore distractions, and stay on task.

- **Strengthens Pattern Recognition:** Spotting patterns in puzzles carries over to real-life problem-solving skills.

- **Relieves Stress:** There's something incredibly relaxing about getting lost in a good puzzle—it's like meditation!

- **Keeps Your Brain Sharp:** Word searches keep your mind active and may help prevent memory loss over time.

- **Encourages Quick Thinking:** The more puzzles you do, the faster your brain gets at finding solutions.

- **Brings People Together:** Whether you're competing or collaborating, solving puzzles with others makes for great bonding moments.

This book isn't just about finding words—it's about finding joy, challenge, and a sense of accomplishment. Each puzzle offers a mini-adventure, and with every word you find, you're training your brain to think sharper and faster. So what are you waiting for? Dive in, enjoy the hunt, and watch those words come alive!

Happy puzzling!

Subscribe today and become part of the PuzzleWhiz community! Weekly excitement, monthly bundles, and yearly specials await. Don't miss out—your brain will thank you!

References

- Smith, A. (2020). The Impact of Word Search Puzzles on Cognitive Function. *Memory and Language Journal*

SUBSCRIBE

PUZZLEWHIZ

Name:

____

Address:

____

____

Postcode: __________   Phone: _______________

Email: _________________

Subscription

Weekly ☐ Monthly ☐ Yearly ☐

Please fill the form and send it by email to:
PuzzleWhizPub@gmail.com

Payment Information will be sent to your email and phone.

Puzzle # 1

```
D U K B Y Q N X W L D L H O M E R B L R E E E
E R N L E M E L I G A R F C F N B D V W L D P
L L N A C I N T E L L E C T U A L O Y M B M N
L U O N R I H F E U Q I T I R C B S C C A U V
I H I T A R A A V O N V F W T P U M A R R N J
F K T P X G A N O I T A L U P I N A M G O D J
L R C Y D U E T X L U X C T Q X H D I C N K Y
U E E P T C R R I V M N O R F Y Y E T C O Z R
F V P S C R E E N V Q W P E D D F L I L H A S
N E S W D O H Y V Y E D Y A E H P T G R F E V
U R O W Y H D T U L K S I S T D Z I E F L S X
U E R E B N E U C O R J S U B M E T L B U T Z
N N T J A R C I L V T V T R T Y W J A K A H S
D C N J P A I B U E C R M E N Z W F U K T N A
U E I W K D P I W R H D Y D N O I T O V E D K
D R K R R C H J I V E S Y T H J E V L X B J E
J J Q D W P E V N O I T A I C N U N O R P M I
W C J Y Z B R W I U G N I N O I T S E U Q L B
```

AVON	INTROSPECTION	COPYIST
EDMUND	FABLES	LOVER
QUESTIONING	REGAN	REVERENCE
UNFULFILLED	PRONUNCIATION	TITLED
HOMER	DEVOTION	TREASURED
SCREEN	MANIPULATION	LEGITIMACY
INTELLECTUAL	CRITIQUE	HONORABLE
FRAGILE	DECIPHER	NARRATIVES

ANNE	DESOLATION	AUTHORSHIP
FORESTED	AVON	BETROTHAL
HIDDEN	GOVERNANCE	LORD
SUCCESSION	WOLFISH	MODERNIZE
SOCIETAL	QUARTO	MURKY
POETICAL	THEME	ANNOTATE
TUMULT	EXEMPLIFIED	ISOLATION
AUTHENTICATE	SURREAL	DRAMATURGICAL

Puzzle # 3

```
D W G R U K Q O O J I U O I N F L U E N C E S
S E Y S S V G H J A A J H J E K F A D G A P B
U X S Z N E Q Z Z H E O T G R G U R O M U G B
B O Y O M I K E N N O I T C I P E D A Z I Q Z
O P H P P K H J T S R Z F O V E L G H G B W M
R T P S S X P A D J W N J A A A Y E D T I N U
D I A E U Z E E I J A R N U L G K N N N D L O
I M R C R G G N B V F A G N S X Y E G D C C E
N I G R R B G K U Q L Z D E L G J W X H J C A
A S I U O F F N B Y P G H H O C Z D Y N Z N C
T M L O U B F U S N O R A A V D C X P T A A Z
E X L S N O C I D E C N E R E F E R A L S K A
L W A E D O S Y X W L F A R C E N S Y L W P A
U E C V L Y E M E R G I N G H G S T M D E C E
D S I I U J T I F F P A G X G F I U F A P Q O
P J C R U O S U O R O M U H C C C U U S T T F
C W I W A S L D N C C H M V A O U X O S M B R
V P M V D E D R A W A J E L R H E C A R B M E
```

BUCOLIC	LOVE	FRAGILE
ANALYSIS	INFLUENCES	HUMOROUS
OPTIMISM	ANALYTICAL	EMERGING
FARCE	CALLIGRAPHY	AARON
SOURCES	ARIEL	UNEXPOSED
SUBORDINATE	DEPICTION	EMBRACE
SWEPT	AWARDED	SURROUND
RIVAL	LEND	REFERENCED

Puzzle # 4

LONDON	WORDPLAY	STRATFORDIAN
DEVOTION	WOODEN	FANTASTICAL
TALK	FOLIO	STRUGGLE
HOLY	JON	HYPOTHESIS
YORK	COMMONERS	CRITIQUE
MURKY	TRANSCRIBE	EXPRESS
PROLIFIC	FORESTED	HORATIO
BOUNDED	BRUTUS	SCHOLARS

Puzzle # 5

```
O E Z S G G V U T G W Z C I M H T Y H R T B B
G F S U O M Y N O N A E B I W B O I G L L O K
Y P R E F L E C T K H U F W D E A D X T P L Z
K T N O I T P A D A H I P P O L Y T A R R Z V
J D G Z C D O H N I N T E N T I O N S U P Q A
M U V G U E K U R L S Z V E D B D X K O G P N
O Y N T R S M T A U I L T M S G M S G C I Q A
E Y Q H S P Y B S D Q F C C V I R T U E C D L
A N X A E I R E C U R R I N G S Z A I N K Z Y
C I I A Y C M C K C I T S P A L S X R J X O S
A A T B Y A H A L R E S I U G S I D B I C U I
N L S G J B Q M U E G T S F Z D U Q H Z X C S
N L F A T L O T E P N B J Y R O D U T S Z T S
O I N Z Z E L P H A C I R O T S I H B R L I A
N V I R X Q R P Q R G H H I C J V I I G Y E B
S V E R O N A W G T N V M B E E G Z S F J X W
G U X E D O C F S E C Q C M X F S R R L P E D
R C J J Z M Y S T E R I O U S V B N M E W M L
```

HISTORIC	DISGUISE	RECURRING
ANALYSIS	TUDOR	CURSE
CODEX	INTENTIONS	COURT
VIRTUE	ANONYMOUS	DESPICABLE
CANNONS	RHYTHMIC	MYSTERIOUS
HIPPOLYTA	REPARTEE	VERONA
BRIEF	REFLECT	SLAPSTICK
WELSH	VILLAINY	ADAPTION

Puzzle # 6

LEGEND	CURSE	JOURNEY
ELATION	REVELATORY	VILLAINOUS
QUARTO	PROTEUS	GRAMMAR
TURMOIL	DOCUMENTED	WHIMSICAL
YEARS	RIVALRY	THINGS
SOVEREIGNS	COMPLEXITY	MASTERFUL
BACKGROUND	REINTERPRET	IMPROVISATION
JAQUES	CONTEXTUALIZE	CONSULTING

Puzzle # 7

```
X C G S H D Z T Y U N D E R E X P L O R E D F
D X B L T M A R M O A E F P I E J X K I Z R P
P X I Y P F L P I N N C L A N D E S T I N E K
U W Z U D A B T E T H E L B A I F I T N E D I
G C M K V M A M A R Y V I B S S S J I Y H E H
E P G I O L D N V E N X M R M N M C F J O Q O
A I R H U S G C E V B W M E S O F E D K L R K
C N N C O L W D R O C W O C I I S R P O I O L
U P E E E M L O O C P Y R O M T J H O E N L U
N P R M K Q E F L N W H T N I A G B Z M S E F
S V E E A H S A P U A Y A S T N J R A J H S R
Q N S Z Y M L N X D T Y L T P I Q I E Q E G E
T T L D V Y O A E L V M I R O M M W Z E D K T
P Q A P B Y O L E E D N Z U O A O J Y X K F S
O F T W R N F U H F Y L E C S X T S I B H S A
F O R W D O R J S E I D U T S E G J I L O R M
T N O U C C B R N O I S S E R P X E J E X T L
P Q M Z O T M E E X I G C D C C I T A H P M E
```

IMMORTALIZE	FOOLS	UNCOVER
MORTALS	HOME	CLANDESTINE
UNDEREXPLORED	PROBE	HOLINSHED
RIVALRY	EXPRESSION	STUDIES
GREEKS	MASTERFUL	IDENTIFIABLE
RECONSTRUCTED	ROLES	OPTIMISM
EMPHATIC	EXAMINATIONS	ENTANGLEMENT
SPECULATION	CRUELTY	EXPLORE

Puzzle # 8

IAMBIC	ENACTMENT	VELLUM
TENURES	CELEBRATED	WORKS
ARCHIVAL	REVIEWED	FABLES
PROSPERO	STRATFORDIAN	THUS
HEROICS	ETERNITY	FEAR
HERITAGE	FESTIVE	STANZA
DEPTH	REFINED	MASK
TRANSCRIPTION	EPITOMIZE	EMINENT

PUZZLEWHIZ Themed Word Search Puzzles: Issue 5

Puzzle # 9

```
D E N G I S E R W N M I Q M U G B R H L X T C
K W T Q E R J J N O I T I S N A R T E I T E X
C Z P F P A N Q O I S V I D B K Q J N D X P I
H Z K A B Q G S X T C D Q F O P M P S G I L S
M N A O M R K K C C H E O P N Q P U B Z W S O
E P I T O M I Z E E I R L E X X R B Z N O J L
I Q C A P U L E T L E E S O R P Z L L I G T A
Q C A S S I U S M L V V R K Y A F U A E W W T
W L N A R Y W R I O O E D L O R B R E H X X I
I C U D A F I U T C U R Z C C R B T R W F A O
B A V N D A O H S G S J T I I A D H T C U Q N
C T A C A X U B C T N Q C L T A O W E F Q B M
Y H L N P S Q G T X J I L Q T A U F S E R M H
R E I N T E R P R E T U N N O D N O L U X A H
M S O A E T H Y Y H S E L R G O D M T O L S O
F E W O D S U I N O L O P E A K J U D L T H I
B U Z K X G C G R K Q P S Q M E S O A J B H Q
V S M G L B R Y Z P I D C E W A Y M A Q X H U
```

LONDON	CAPULET	BLURT
THESEUS	PROSE	YEARNING
LAERTES	MISCHIEVOUS	ISOLATION
ILLUSORY	RESIGNED	SIDE
BRUTUS	TRANSITION	REVERED
ADAPTED	POLONIUS	COLLECTION
EPITOMIZE	REINTERPRET	MOAN
HALLAM	CASSIUS	THUS

Puzzle # 10

```
N A L X C X C V P K Z E N I M A X E E R U I C
N Y U B Q X N T Y Q T C H V A L I D A T I O N
M T S P W R B O T H U P J P D N Y T E W K F J
L U F E G N E V I H J T C J B F H C O G K A P
J R U V I L J C Z T E N L I R E N O G I T B H
X O F X N C Y R W N A A L K S E T O K K Q J H
K R G F S G R E U I C V T P G P P U Z Z L E S
T K R A I Q R P U M L M I R A Q E L D B Y H N
R A G A G Z L E Q O G A E T I X B V C R X K O
E P Z J H D D R I N N M T D O C J D W Q Y S B
S E J Q T G F C M S E B C R D M A H K S P L L
O U T L I U G U M T B A C E Q I T L C U U L E
N L D O W R U S E R P N P A B R E H B C A A M
A Y F X X J J S R O B Q H M A H E L H P R F E
N W S Y J M Q I S U N U X I T M I T V I I N N
T G P A Y D O O I S T O L P I C P B C B F W B
N W S S O A N N O V M S E N R D S K C Z O O H
L A T E I C O S N J F D G P X Q I J L X S D O
```

IMMERSION	THEATRICAL	RESONANT
PUZZLES	EMERGENCE	NOBLEMEN
DEPTH	GONERIL	SOCIETAL
DREAM	INSIGHT	SCHEMING
REPERCUSSION	GUILT	MOTIVATION
MONSTROUS	THESPIANS	VENGEFUL
DOWNFALLS	TRAILS	PUBLIC
REEXAMINE	BANQUO	VALIDATION

Puzzle # 11

```
A P T R C T H Z T R A N S I E N T T V E E U V
D M U X A W F S L T B U T W P E W O I S H Q H
Z E U S N O I T A T E R P R E T N I T W C S X
E M W Z O C S R D F U S C E L U K R W O L K N
L M F E N A F E G U T Z V A U O U D M L D O C
B F M X I N M V W S R X Z K N C G M A P I I N
O I R B O V B E L V I U A G T D O F V T C L A
N E O U A E X N R V V Z O U B N N A A G F R Y
X T R Y N K C G Y Q Y I R G E W R R E L D J I
I B B E Q U C E L R N E X R O X I W C S E K P
G N A C L X M Y C G B T S D T P O D U C T C X
D T W R E S I G N E D M H N S R Q Z Z I A P L
H I N T R O S P E C T I O N L P N G T T I B I
D E T A R B E L E C J O I D A A S T P A T S O
X J G A I X R H J T U A W P A K X Y H M O O M
A I S T R A T F O R D I A N R Z S J A E G K J
P Y T R E V O P U J D E O E O Y K D K H E Z Q
L A E R R U S S T E H D M Z N B S Y Q T N B L
```

INSPIRATION	NOBLE	STRATFORDIAN
SURREAL	THEMATIC	VIRTUE
TOBIAS	AARON	CELEBRATED
INTROSPECTION	POVERTY	VIEWED
STRUCTURE	NEGOTIATED	BENEATH
ONGOING	COMMONERS	TRANSIENT
RESIGNED	WORLDWIDE	REVENGE
CANON	DOWNFALLS	INTERPRETATIONS

Puzzle # 12

ELOQUENT	STREETS	HUBRIS
DYNASTY	SIBLING	SPECTACLE
VOCAL	AGES	NASCENT
FLAG	SOLILOQUY	HAUNTING
METAPHOR	COSTUMES	ANGUISH
RELEVANCE	SOCIETAL	HAMLET
ARDENT	STUDIED	ALLEGORY
TYBALT	NUPTIAL	CONTEXTUAL

Puzzle # 13

```
B B F G C M S N I Q E L U F E G N E V Y U A G
C Z W L I F U L L J V V E E H R T R L O W P N
D J N K D J Y Z B L I L H X X E F D H F N E I
D L O B E E Z T O D T R V E L S I T G H I R T
J P I R P N I R U D A F Y M V O W C U O H I L
F M T I O G S F T S M F A P N N I V S T H C U
Y W U L L L S M N R H B L E A N D Q Q R L S
W D L L C I Q A C B O Y E I E N S H R G I E N
F F O I Y S H Y U E F G D F R T P C M P C S O
N W S A C H O N J T A W H I C M I M E S R U C
I U E N N Z E A X E X P J E S J R C D R U Y E
L L R C E C A I L S P E U D H K A P U B L I C
L Y Q E B O E D Z O G G T D E I T Y U L N V I
M I J B H R D E D P U B Z N V U I E J A L D H
D S A S E I Y M V R I C J L O J O V M V X X I
C V Z R M C A O L Y E F N J Y C N O V G K K N
K Y C C F T Q C K Q A S Y X F F R Y F C Y M B
O M B G S T N R P W M W S Z Q W K X U U P L K
```

COMEDIAN	DEITY	FRAIL
RESONANT	INSPIRATION	PUBLIC
THOU	SCREEN	FORMATIVE
FULL	ADDRESS	EXEMPLIFIED
BRILLIANCE	HAMLET	VENGEFUL
CONSULTING	ROMAN	CURSE
MIDDLE-AGE	ENCYCLOPEDIC	ENGLISH
RESOLUTION	PERICLES	CONTEXTUAL

Puzzle # 14

HISTORIC	REBUILD	FAMILIAL
LEGS	NURTURING	AMBITION
STRATEGY	INTERPRET	SCENES
GUILT	TEMPORAL	DEPTH
EMULATE	FATES	ANNOTATE
BACKGROUND	DEPICTION	DESOLATION
ACADEMIC	REGAN	NOBILITY
DECEPTION	MORE	AWARDED

Puzzle # 15

```
S F C Y G O D Y V D S M A E R D T O J Q T D L
W W C V S E G N E V E R Q H T F N F E E P L U
I A H F L M W Y R T N A E G A P X L C Z Y R L
X N D F N Q A S A D E R U S A E R T I P C U Q
S B W P L U T R E A B X E U F R Y K N E N C K
I G N L W O D E G E J G C G Z N P D E N M R E
Q Z K Q I Q U R W O J B E L A U Z C R N P L F
R V G C E V Y R S K T K X M Y T B I E A Q T Z
T T O S T U R P I R B P U U Y S S K B N J D M
O N E F A R I O U S J H Y S A T I R E T M R L
N O R E B O A Z U A H R G R F U K I N S H I P
Y H O R I G I N T D O E R U C G I B N T L A G
P C A P P E A R S E B A S A A A U A M N Y D L
C O U N S E T T L I N G T Z N A M N L V S E U
B J A P D U K U Y T E L K W X O T A R G G E A
L U U K P G M J O Y S N X O R L W I Z S Q Z K
X S U O R U T N E V D A T Z B L E O N T E S S
Z S R S W F M J H G V G Z H Y L J R L W C B W
```

KINSHIP	PENNANT	TRANSIENT
HUMAN	FLOURISHES	DREAM
ORIGIN	APPEAR	ROMAN
SATIRE	BERENICE	UNSETTLING
DEITY	REVENGE	ADVENTUROUS
CRYPTOGRAMS	PAGEANTRY	STOIC
LEGS	LEONTES	STAGE
NEFARIOUS	TREASURED	OBERON

Puzzle # 16

```
Z A O U K S S D V H A K B U S X O Q Y R E C J
P I Q P I T E E S S R L A I T R O P L E N B G
O E G Q Y U Z D V G S A D R H L C R T F L Y U
W Y N M G D I N N N U C A N G U S L R I O I K
G B U S E Y L U U I B I M F E C K W U N X F W
I T O A S A A O E L J T W S J G I F O E L A G
F E Y H K M U B X D M Y G J H B E T C D J J M
Q X X H Q B S T O P N J L H Y R N U L P A H F M
R A W V H I X E O U W A F U M K Q W C Y P H J
Q M F N M T E O B O V N V E R O N A I P R C T
S I H N T I T Q W R E A B W P F N C N I C C R
A N B W B O N F S G L J K E D V U S E Y Q A U
F A E L G N O I M E P F O Z A D T C M W O W O
K T L M F U C K J G Y D P H T N R M A B K J C
Y I Z E C N E I L I S E R U A U A E T H X X V
R O N O I T A D I L A V P M L M I R I L Z E L
J N I D E T A I T O G E N A K D L I C P Z J H
L S P R E S E R V E D K G N V E S U E I F W R
```

LEGEND	VERONA	HUMAN
CINEMATIC	GROUNDLINGS	NEGOTIATED
ANALYTICAL	TRAILS	COURT
BOUNDED	CRYPTIC	PRESERVED
AMBITION	TALK	EDMUND
VALIDATION	PORTIA	RESILIENCE
YOUNG	REFINED	STUDY
CONTEXTUALIZE	COURTLY	EXAMINATIONS

Puzzle # 17

```
O V F B B X Y G O D B E D Q Z O T X O I K F V
P U H X C R A N B A N O Y L B D S N M S Z X E
Y K I K T T Y I Z Y V E N O O V X L F P J S K
P U M E V D Y N D L O M P Y T C N G A A H E O
L F O H L E T O H I K N Y U T C F O Z S M B A
O P J U B S I E D G F K C J O U V W L R L E S
U G J H S P N G L H F H H Y M R L A C W K Q D
P P T X S I I R C T A C Z X G G T B J B W M P
L Y W M E C R U J R R K I P S E G A S S A P B
L Q U G R A T B A E S K M A I L L I W I A E S
A J R A D B S C D O E F G W O R R O S C T W T
O O E M D L T I L U L S T A L W A R T R O O R
Z I V Y A E T I K I Z V I A C F J A A V F G E
A H E H R E L H T N Z X F A Z A E Y G I I J E
H A N O D O W I G M U F M K B I A Y U A A N T
Z G G U Q H H T H Q P U I Y J L E P A S S Y I
L I E U Y D I S D A I N E C N E I R E P X E T
U B Y V I L P H F Z A Q H C N B A H G F O Y O
```

STREET	DAYLIGHT	CHARACTER
CREDITED	TRINITY	BETRAYAL
SOLILOQUY	BED	POETRY
REVENGE	ADDRESS	FAMED
WILLIAM	SORROW	VOW
PUZZLES	BURGEONING	BOTTOM
PASSAGES	DESPICABLE	TROUPE
STALWART	EXPERIENCE	DISDAIN

V H E V N B P D E V E L O P M E N T A L F W Y
C R O R E A B M Z G C O N T E N D E R S L K H
L W B M U C H Z J N H X E B O R P F Q X B F P
A C J V G T H T M F O N J Z C J E H L L P L A
S G Q N V S C P E S W K D B V O S M Y T H N R
S E K O I Z Q E J B I B R R T A I X R X A N G
I C K F T R X D T B A C B H R V M I I E N V I
C Y L I Z R R A T I U Z I Z E P E O C K T R L
S O C K O I Y L E T H U I T V R D Z I W O B L
W R C X V O R U V I L C X L P S T Q S M M O A
C J S E B G T B I R C F R X E E I M T W J A C
V R S M I U X A H I M A A A Q E K Y X Q W U S
F C O H D W U N C N A B T E O H F S F T O C O
C O P O U T X U R G R L E C N E S E R P R S Z
Z O R V T A I C A P L E F S W G B A J I A P B
Q V G K G C E N L B O S C K H W D X P M D P T
B B S W Y B N I J M W D E N I A R T S N O C M
O F L A W E D T L A E R T E S N S Z T D B L P

ELIZABETHAN	ARCHITECTURE	INCUNABULA
WOLFISH	LYRICIST	DEMISE
ARCHIVE	DRIVES	TUDOR
FLAWED	MARLOWE	PHANTOM
SCRIPTS	CONSTRAINED	SKEPTICISM
PRESENCE	FABLES	DEVELOPMENTAL
CONTENDERS	PROBE	TIRING
CALLIGRAPHY	LAERTES	CLASSICS

Puzzle # 19

```
S L Q H Y F F X V S J O X T G S U O M A F M E
N Z X Z I J T V A R G A N T T D S Z M J O W M
I D A V A N X R I L T U T Q S N D R Q N C T B
X R Z Y G L T O F B R B D A F O Y S O Y I N R
M W E K J P S M S N A R O J R B W L Y C E E A
D I P R F B C C S P D A B U K T O P W J U M C
T X H I O Y Q O E M I B M H U G I J O N Y I E
Y O J U E M I M T C T A I I U P C C O T N R A
E S X Q Z Q I H R R I N M E U S J I U Y T R T
X R H B I Y I Q E S O T S V O G T R C L D E I
O B R A N M I G A O N I U S A A J H B A A M M
T D F Q R H P V L P A O U S C H D S A S W T B
I G E H E P I U M H P E E O N E O H G T H T E
C X I N D M F G R V N D V R G Z F A E G V X R
I L W C O Y H N V Q L E D O C R A D U B K N G
S R F K M B D E T A R B E L E C X O P N G I B
M P J E A L O U S Y Z Z G E I R U W X F V Q U
R W R O T C A F E L A M U S D T R E M B L E P
```

CELEBRATED	MERRIMENT	SHARP
FAMOUS	TRADITION	JEALOUSY
LAERTES	MONOLOGUES	TIMBER
EMBRACE	SHADOW	ARTICULATE
ROLES	BOND	TREMBLE
BRABANTIO	QUIRKY	EXOTICISM
VARGANT	MALEFACTOR	ROM-COM
MORE	EVOCATION	MODERNIZE

Puzzle # 20

VERSE	SCENARIOS	MERCHANT
EVOCATION	INSPIRATION	FABLES
QUICK-WITTED	COMPLEX	VILLAGE
LEGENDS	CAESAR	DUPLICITOUS
ROSE	HOMER	DOWNFALL
STAGED	RENOWNED	REVELRY
VELLUM	CULTURE	REPUTATION
AUDIENCE	CREEPING	CRITICAL

Puzzle # 21

```
S J W N A C O R Q H I T C S R R Y F U S H K T
S F E H N M K F X T N R N X H I G H V E F J U
E I G V V O J A M U X U O E F C O E T B E U L
N R A F X M I I D O P W E S B H M G O A M V A
S J L M P K E T V Y O Q Q S H A D I W D P L J
S M L Z M I A T A M A N U S C R I P T L Y M S
E M I F M W N T N V V H H Q S D T D E T R R E
L O V F B N K U F E I I V R K H T X I V W Y A
T C X B N J S E P J C T U J Y I I T H I N G S
S M B T I J S E C T P S O J F C N E L G I L A
E O Z O D T M I L H I Y A M O E S A X M S A D
R R X H I K P F K I K A I N D X V D F U L H O
I P N V I N H R K Q Z R L I M K R O Y L A T R
U P E C Y I F G T R E A C H E R O U S L T O A
B M K F H G D W B Z N K B Z U W O K E E I R T
T G O Z Z H E R U C S B O E A G I K F V C T I
K M V M G T F E G K L X X E T S L J U H E E O
K V V Y N O I T A T U P E R J H K I S Q R B N
```

ELIZABETH	NIGHT	YORK
EMPATHY	VILLAGE	IDENTITY
MANUSCRIPT	MOTIVATION	YOUTH
ROM-COM	VELLUM	RESTLESSNESS
NASCENT	BETROTHAL	OBSCURE
TREACHEROUS	REPUTATION	NUPTIAL
THINGS	LEXICON	FESTIVE
RICHARD	ADORATION	RECITALS

Puzzle # 22

IMMERSION	DESDEMONA	OPTIMISM
CHALLENGE	POETRY	REVENGE
ANTHOLOGY	DECIPHER	ELLIPTICAL
MEMORABLE	STRATFORDIAN	DREAMSCAPE
ANCESTORS	EXPRESS	UNNOTICED
RULERS	ENACTMENT	SOVEREIGNTY
THINGS	ANIMATED	TINPLATE
LIFE	MARCH	PUBLISHED

Puzzle # 23

```
J F S D C B O L E G I T I M A C Y G R C Z M Z
I O Y E H M U R D N U N O C F L S I X D J S N
E R K Q I U T U T D C C K U X E Y I P E V I B
L E A K L T N S O N N E T E E R I B T C D A U
H B N T D M A D R W S E S S E C C U S O O T R
L O V L H X Y W E J N O I T A L O S I N P O L
B D Z G O C C E N R O Y S C K B P E A S R S E
W E P I O X T G A I E J O D A W U N C T O J S
S L T P D M R E T R E X L G C G X B Z R T D Q
E T O R O W V U F B L H P U O A R U V U Q X U
R O E O Y T N R L P O Y L L B H C I N C Y R E
U B D E F C I Z S G O T O E O F X H F T C I A
S E G J R B R O W N U P N W Q R M S G E Q J E
A N C J U T M H N R A I G K D X E S C D O C S
E E Q R I P S C E O L Y N O T N A D I R G K L
M A S T O I C S Z C C A D R O L H O R A T I O
R T N O I T O V E D J T B W J C N N S U B Q D
L H J P I K D D Z V K Q N V W L D J B H E J M
```

SONNETEER	FOOL	LEGITIMACY
SUCCESSES	CHILDHOOD	MEASURE
DECLINE	FOREBODE	EARLY
ANTONY	UNDEREXPLORED	CONUNDRUM
LORD	ISOLATION	APOLOGUE
POTION	STREETS	STOIC
HORATIO	CULTURES	BURLESQUE
DEVOTION	BENEATH	DECONSTRUCTED

Puzzle # 24

N Y B R W S Q C E Q V A Y D E G W V C P Y B N
W W Z D N O B M R A L L E B A S I K Y L D Q E
M O X G R X R L N R R C N X Q U U M R E W S M
P R F E H O Y L S F E I P O V O P G A I Y S E
L R A Z C I D R D P N I K H L X K E R R F E L
A O C I R I A F T W H A U N T I N G E A U M B
Y B H C A P T I R U I R Y B I Q Z B T L O E O
W Q R V E L O N J E E D W W G N V U I E K J N
R M O M L N N K E P A R E N T A G E L L M P I
I L N H U O L A S R T M Z U H J L R W S V N Z
T O I J W I Q N A O P Q P G I E E Z O E C X U
I Q C Z D M S N R A U P B O F B N C R U N X Y
N L L A F N W O D L R N A W U B I B N O Y D J
G Y E E V A Q T P W J V D I X E A A V J C D P
O Z D V A R V A R M L U L S T L B A K J W Z S
P Y S E K A P T Y P Y D U A Y U N P H E E F C
K C R O S S B E A M S S L H L J M V W K C L X
G N I N O I T S E U Q E T A L E Q E U W E E R

LITERARY	PLAYWRITING	DOWNFALL
QUESTIONING	APPRENTICE	BORROW
ARIEL	SOUNDS	AVON
CROSS-BEAMS	DECEPTION	HAUNTING
PARENTAGE	NOBLEMEN	INCUNABULA
ISABELLA	SOCIETAL	REBUILD
ANNOTATE	WORLDWIDE	VERBAL
LEAR	CHRONICLED	SYMPOSIUM

Puzzle # 25

```
C Z P J A D E S O L A T I O N B E G K G P F T
H L R I C C W U H A O C S T V J U W L N N I P
E P H E M E R A L C Z A I F K I H T C O U U I
L Y C A G E L D F I W B Q T A O O E S I Y V R
R A T I K K E N H T W N R G S M H V W T Y Q C
E W T D J C O A I I B O L N B E E E H A E C S
X H P R L W O Q P R E S E N C E J D Q L A U U
A T X I O O D O Y C A F R Y J I P A P O G Q N
L P N H V M Y A G R G M E S K F A K M S Z T A
O E V I J R M L E M E C N E G R E M E I R Q M
K D H J G R A I R F Y W N L I E J F C A J P V
B U U G I Q K O U E G Z V Z M R G F N P F O G
U F O S W L H Q Q B W V I Z Q O T S U A O I P
K D O P E N M A N S H I P U C L L C C P D G D
G H S I L L E B M E D K H P C A T T Z V O N P
N B F I R S T X V A Z T M Y T J I Y J C S A R
Q E B R R D D E C E I T Y E P N T E E G J N Z
S E C R U O S C V N B D D G G M R P C P J T P
```

IMMORTAL	SOURCES	FRIAR
FAMED	LEGACY	EMBELLISH
DECLINE	DEPTH	LORE
ISOLATION	MANUSCRIPT	PRESENCE
ACTING	DECEIT	PENMANSHIP
PUZZLES	FIRST	DESOLATION
MAJESTIC	TRANSLATED	EMERGENCE
EPHEMERAL	POIGNANT	CRITICAL

Puzzle # 26

```
R T E X B S P M O Y D E L U S I V E W M O M E
Q W T J T N V S N L H Z E P H E M E R A L L E
Z P Z C H P T N G V W H I M S I C A L O G C O
U T M O X O I J E Q S A H E T U L O S E R Y M
Y R F V I A C R W G T Q C T H K M Z Z A O T Z
I A Q C Q J T F C O A H Q B F C I S E M Q I T
G G H L K P U Q A S H K Z P X L I P Q J K R W
P E L Q R E T H G U A L L B C P E P S N T A O
G D A I F T H N X T N E U Q O L E W A V T L T
Y I E Q U E S T I O N I N G S A R S T M S U M
S A J T T R I C K Y Q B H Q T V K V A A C P C
G N T D Z H S L I K E O I Y U C M L J A W O S
S G S R E N O M M O C A X T M W L Z B B F P M
K G Y D L D C A S Q M F B U E A B K A D E P W
K P F P Y P J X D D B F N A H T O N A L Q P B
T L E X P E R I E N C E W E Z R E G A N J I H
F F M D E T A R B E L E C B F L A N U M M O C
Z I N V E S T I G A T I O N M W V W M I C U A
```

TRAGEDIAN	COSTUME	BEAUTY
TONAL	ELOQUENT	COMMONERS
EPHEMERAL	INVESTIGATION	SCRIPT
TWELFTH	LIKE	ELUSIVE
POPULARITY	LAUGHTER	EXPERIENCE
REGAN	CELEBRATED	RESOLUTE
QUESTIONING	WHIMSICAL	COMMUNAL
STOIC	HALLAM	TRICKY

Puzzle # 27

```
C J S F W U E X P O H R K L C J G S H Q M B H
I Z J E L F O R E S H A D O W I J J L G I E T
T F O U C A K G A E F K P O S T M O D E R N S
P R M Y V R V N E P Y T E H C R A I C P C P O
Y W A V A N U A Z T N E U Q O L E T M M L K T
R T S R H J N O L V R I V L G L H R O I A K R
C P T O W I Q F S P G N I T E E L F W K U N A
S S E N E M I T S E L F A N A L Y S I S G H U
C A R L M N U M T L H K M K Z W U T T R H I Q
A K F N G I E R E V O S O Y J Y R L O D T Y O
D K U A C T N E I S N A R T T U R I B H E J I
E K L Y T R V L L Y D I X D A H Z U F O R Z O
N W N R G L V E J I W J P F B S O G I N T I R
C N M A J S P E L B A R O M E M T L T M U R P
E Y J R P W D S O N F F D A Z O P D O L U E V
M G X E X M B U N V Q S C S O R H L F G Q E O
U Z O L C N M O N U C P O P U L A R I T Y L H
Z H Z Y E J A H M D R O C S I D D V Q S X M D
```

ELOQUENT	LAUGHTER	FLEETING
CADENCE	POPULARITY	GUILT
TRANSIENT	ARCHETYPE	MYTHOLOGY
MEMORABLE	MIMIC	FORESHADOW
SOURCES	SELF-ANALYSIS	QUARTO
CRYPTIC	SOVEREIGN	DISCORD
TIMENESS	IDYLL	HOUSE
MASTERFUL	RARELY	POSTMODERN

Puzzle # 28

GRAMMAR	JAQUES	INFINITE
PROBE	LORD	JOURNEY
WOODSY	PRESERVED	REVENGE
DECLINE	HIERARCHY	SCHOLARLY
MORTAL	DEVELOPMENTAL	WEST
CURATORS	RESOLUTE	AUTHORSHIP
CINEMATIC	EMBLEMATIC	FRAGILE
CONTROVERSY	CRITIQUE	LECTURED

Puzzle # 29

```
T F V F A L Q G T E D R R Q E B T M C U R S E
J D E D D E B M E D M F N C V Y H A R B K T F
V W O B V Y K L L X N H B Z I C I M S A N Z H
Z N O I T A T S E F I N A M T H P O R F D X F
I J G N P O P U L A R I T Y A O P J D E H C P
Y S N O I T U T I T S N I U V D O I E C B X F
Z L Y M L A E R O P R O C N O N L C H N V O Z
B I L W T N O I T I D A R T N X Y D S E W P Z
L J L A H O L I N S H E D P N U T E I U M F D
N A G L U T N Q V J C F J R I G A S L Q E B B
P D U T U T T A N G I E R C R J I O B E L J U
Q O N S S S I C F F J L V V U S S P U S A E Z
M C A E I W T R V M C L Q U N K Q X P N P W T
K I W O U V L R I F X O Z W C D H E X O A A V
L L E H J W O O I P U R O C M M M N W C S A S
E E S R P J V P L O S C G A N V E U C J W X Z
V M T G E N E E O B U S C O N N E C T I O N B
F I B H S A R H V K Z S P H Q R E N O W N E D
```

RENOWNED	CONSEQUENCE	ILLUSTRIOUS
HIPPOLYTA	POPULARITY	LOVER
MANIFESTATION	WEST	INNOVATIVE
REIGN	SPIRITUALLY	VISUAL
HOLINSHED	SCROLL	PALE
EMBEDDED	TRADITION	DOCILE
NONCORPOREAL	INSTITUTIONS	CURSE
UNEXPOSED	CONNECTION	PUBLISHED

Puzzle # 30

DRAMA	COMIC	FAMILIAL
RESILIENCE	COLLABORATIVE	CORDELIA
DEBATE	TREACHEROUS	REPUTABLE
DECEIT	THEORIES	FANTASTICAL
BIBLE	FATE	CONCEALED
RESONANCE	WIVES	BRUTUS
SWEPT	EXAMINED	ENTANGLEMENT
RHYTHMIC	MOVE	LECTURED

Puzzle # 31

```
M P F I O A U X Q R U J P K S N V P U W E E G
R O O L E W T D E K H D H E N Y D W B Q I B I
O O C C N Z Y S R E V O R T N O C U M V E S N
V S M Q S E L T I T X U G F A Q W K E B U F T
R O J R C C M C F L N J N A I P S E H T R Y E
E C N D O U C H Q E E L A L J K X Y T E S V R
F I N K S M G A T S C G E G E A T H D L W S P
S E W E M A X L S A M G E I C U G N P A B P R
E T S P O S L L B A T D W N O I I E S T V S E
I A G S D T I E I X K B M X L B I S E I O S T
R L R K G E K N R R N O D N O L O M L N C P A
E E Q R N R N G T Q N T O F K W W J E H R L T
L E N W I F H E H A G O N V K R T S O T O W I
L L W O K U J J R T M E Y C T D E L B N S C O
A P S Z W L F C M A Y O M J U C A E G D S C N
G T V Y X N H R O F X W B D R R K I C Y B R S
F N L G S Y E S V O R U H Y S N N O G P A G Z
Z H L A V E I D E M G D B W S G V Y B I O M O
```

LONDON	FIRE	BIRTH
CHALLENGE	THESPIAN	LONGING
BINDER	MOONLIGHT	LATIN
MONARCHY	CONTROVERSY	TENURES
RENOWNED	KINGDOM	MUSES
TITLES	SOCIETAL	MEDIEVAL
MOVE	INTERPRETATIONS	GALLERIES
MASTERFUL	FERVOR	SCHOLARS

Puzzle # 32

ENGLAND	PROFESSIONAL	WAVE
PROTEUS	LONDON	YARD
VOLTA	SINISTER	HISTORIC
FULL	RESONANT	MACHINATION
ROYALTY	WIVES	RESTLESSNESS
VISUALIZED	JACOBEAN	MANIPULATIVE
GHOSTLY	TRANSLATED	ENGLISH
SCROLL	PROGRESSIVE	TELEVISED

Puzzle # 33

```
J V B S F A R X L D E H S I N A B J V Y I D G
X M Q C F U N J S L N D V Y Q W S Z Q N D I P
R H N S W M B J A B A D I T H W V K N F Q R B
V L I A P J Y T B A I C E L E B R A T E D S A
S J E I L F N T V Q D G E D F I E L L G O J J
O C V B L E F T H S E G A T S N A V B U N D I
S D U O M A I J T D G I C B E S D I N C K M D
M Q J T F Z F V E Z A F P N Q P E D P D I O E
N Y L Z K E D C M N R G B M B I S Q I W R C Z
P I L D Y J N I V V T R A T W R D Z S Y T M I
C O U R T Y A R D S E A R N F E W C Z I E O L
D S M Y S T E R Y D M G I S G S E J Y P O R A
E G T Q Z P H R N E P O Y L R E P I I K G J U
S G I U N I Y E C Z O P Z Z W F L S Q J Y W S
I G M F D E R J L H O C Q Y L B O O K A B A I
R I M W W I Q S L L A F N W O D S R A E Y Q V
E E Q L A H E S H J Y P S N I I M M O R T A L
S S D E F E N S I V E B D C Y A F W W F T W L
```

TRAGEDIAN	EPISODIC	BANISHED
DOWNFALLS	IMMORTAL	RENDER
STAGES	DESIRES	MENTAL
INSPIRE	MYSTERY	ANGELO
YEARS	COURTYARDS	TOBIAS
VISUALIZED	MYTH	ROM-COM
SOUNDS	STUDIES	CELEBRATED
BOND	DEFENSIVE	ENTAIL

Puzzle # 34

```
B S O U R C E S C F Z N A I D R O F X O X W X
N F E M C G Q H P T J E O H T R I T R Y D A C
O P O Z Q W T S P E C T E R T O T D E I A U H
I I V R L E D U C A T E D M U C U R P S M L K
T C R L E M N S R L D T T J N A M A T V U U O
A O N M P T J W O A L K O W T W U M G X S O G
Z N D F R N E H E X A G O N A L L A N M E O H
Y O Q C O A G L Z L N Q Z V Z S T T H G S B S
L G P S G R F W L O I D C O U C L I C S Y W T
A R X P R R W O W N M G I O N N H S G K D M Y
N A G N E A Y L G O I E R L U H P T S R G O L
A P R R S T Z F D Z L E J D P O V D K O B N I
V H U D S E I I S Z H T T I T O T E I W O Q Z
D Y I N I H Q S Q C G F I I I E V H R N E N A
S X D P V I W H A L C L L V A S I V A B Y X T
I A Y I E I Z E R V W X N D L V N C M Y A M I
D L U F W F R Y K M F B W C L Y H L H K H L O
E G N Y F T L A V I H C R A W B G S V S Q P N
```

DRAMATIST	HEXAGONAL	CANON
TUMULT	NARRATE	WORKS
OXFORDIAN	PROGRESSIVE	VERBAL
AMUSES	WOLFISH	TREACHEROUS
SOURCES	NUPTIAL	ANALYZATION
SIDE	ICONOGRAPHY	LIMINAL
SPECTER	STYLIZATION	HOUSE
ARCHIVAL	FORETELL	EDUCATED

Puzzle # 35

```
Z N I G O V Q C S B O W D Y U S E T K Y F S A
N C E R G N I N R A E Y Z N P U V J U Y F O N
T O L W P D R L T U T F S G S B A Q V G B I G
A L B A N I A N L C W N T P Z R R C N V V I U
T Y H H T V Z C H A O M E Y E A G G H M X I I
J Y Z J M R I R H L G B L U Z L N U L Y B T S
V Y U N A X O Y K S N E G T Q A E G A D L O H
D D P M N N S D R A M A T I C O D B U D X V Y
B Q Z V I U R T J A I C O W K L L J R J L K K
O G W C F R L C A P A M O R O U S E Y A D I E
M Z L V E T S H R N O I T O V E D A C V E X S
W E W E S U N E L B Z H A S F D L I F F H S U
D E D M T R R R I J S A I P C P T Q A A W N O
F K F P A I L I E R I V A L D I T S N M P M H
M V J D T N N S V O Q H J R R W P I W I J B H
C V I T I G F H N D R N O C B P N P S L M O F
O Q Z V O A O E U V A W M J Q A Y X O Y V O D
Q X E V N A I D R O F T A R T S L A E R R U S
```

ELOQUENT	ANGUISH	ENGRAVE
MANIFESTATION	VILLAGE	YEARNING
CHRONICLED	SURREAL	FAMILY
DEVOTION	STRATFORDIAN	WORDPLAY
NURTURING	RIVAL	ALARBUS
UNVEIL	DRAMATIC	STANZA
AMOROUS	ALBANIAN	HOUSE
OLD-AGE	CHERISHED	CRITICAL

Puzzle # 36

ELIZABETHAN	UPPER-CLASS	FRIAR
EMPHATIC	INFLUENTIAL	WIVES
SUCCESSION	DYNAMICS	SCHOOLING
LOST	LAERTES	RIDDLES
ROMAN	ROMEO	MIND
ILLUSION	REFLECTION	DECEIT
FORM	REINTERPRETATION	COURT
VALIANT	ATTUNED	INTERACTIVE

Puzzle # 37

```
L K S V B I X Y D E M E T A P H Y S I C A L J
Q Q J I Z R D Z E L A I T N A T S M U C R I C
A Y J L H Y V S B D G N I X E L P R E P M L P
M G H E B S D P A Y N D X L C E K M K I H P O
A E Y Q E E I Z T B I C W P S P O P X L S X R
H M A S L L O G E O Y U Y W P O N E C C I N T
P V U C Z H E R I T A G E C N C E U H D V R R
L M A C H I N A T I O N N L E W C G N U S G A
A Y R L A C A S S E L T I T P M N O C P C X Y
N T B G K G G B P M G G K Q O Q E L Y L H F A
T C H I L D H O O D H K T Q V U U A B I O B L
A S S L A T R O M T K N A E E D Q I N C L A B
G Q S E I T I U G I B M A A R T O D E I A F A
E V W P K L P J G W I B N V T R L H B T R S A
N W B R S K B D O P L Q J X Y L E S E O L P W
E N I M A X E E R B J Q M J D Q R D Q U Y R I
T T T E I L U J O I S I E I C M I N D S M N H
W A X Q E S O R N L P U Q C L A I K K R N B S
```

CHILDHOOD	PLANTAGENET	MIND
MOONLIGHT	ROSE	PORTRAYAL
DIALOGUE	PERPLEXING	ELOQUENCE
DEBATE	AMBIGUITIES	MORTALS
AMUSES	CIRCUMSTANTIAL	VILE
TITLES	JULIET	REEXAMINE
MACHINATION	SCHOLARLY	METAPHYSICAL
POVERTY	DUPLICITOUS	HERITAGE

Puzzle # 38

```
D E S P I C A B L E X M G X C A N A L Y S I S
G N I N R A W E R O F G L E R O C B D E D O W
M J N C L T L L N D G O O S V A N G E I N Z H
Y M U A I U Q U Z T G N R U L V G C R L G U Q
B N F R R Y G A Y L J R I O W O A I E P B X F
C B L O E X H T S F Z R A H A C C N V A O G P
H Z U Q N A G T C I G D N D T A X O E Y L K I
G E S C O S T U M E S E A M Q L X I R X G E N
P R O P G B B I N T E R P R E T A T I V E O D
G L N A I R U H T R A H C P K B P I H G I F W
S C R E E N P L A Y H O U S E H F D I S F R E
Q Y H A H R V K N L U J W T T O E E S S W X Y
I L L U S T R I O U S A N I O V J U D C B I L
V G Z T H H T A Z T M S C L Z H C G L N L R P
M I S C O M M U N A L E S C Q S L R D P T C C
P D E T S E T N O C N J C M I M G N I D D U B
L E T A L P M E T N O C R D X E M I L I O D S
O Q R W J Y G O E G N I N R A E Y R H J V E S
```

GLORIANA	PROP	EDITION
FOREWARNING	BUDDING	COSTUMES
CONTESTED	GONERIL	ARTHURIAN
FOOLS	CONCEALED	DESPICABLE
COMMUNAL	VOCAL	ILLUSTRIOUS
SCREEN	PLAYHOUSE	CONTEMPLATE
REVERED	INTERPRETATIVE	HOUSE
YEARNING	ANALYSIS	DISCUSSION

Puzzle # 39

```
P Z A R K U W I B Y F X P E G V T Q H X O G L
B R R D E T A L S N A R T E D K F N G O N D N
H E C Y V V D H B Z T R S C M Y U H E I K M S
L I H Y T T E U A F T O O I J K V J N D D P M
F N I F U L E L R F S L U T U C C N R P R N O
R T T E N D A A A E I A C N H B U O E K Z A D
A E E G M U G Y D T U V S E L C S M H S W D E
G R C N R I U P O O O P S R E P J I P G Q M R
I P T Q L K B I O R I R O P E D E D I T I O N
L R U E G N R E V A R G Y P K P U Z C B R J I
I E R D V T H R I F T H J A P M O C N S L S Z
T T E V B O T T O M V P X F D Q E I A K K E E
Y Y J H Z H E C E Y Q R X A F K J D A T X R N
V S I S E H T O P Y H V W S E L T I T T E U I
Q P M H Z U T G Y F L Z J R E C I T A L S D I
I L I U V E X P S U B A R D U M E K X P C N M
O Q Q O Q X Z V Y R B A S E C O N D A R Y E Z
J T R P B M A B O L B X R M M Q I I J C Y K T
```

BARD	CUNNING	HYPOTHESIS
TITLES	REVELATORY	VALOR
THRIFT	TRANSLATED	ROYALTY
ARDENT	ENDURES	REINTERPRET
APPRENTICE	FRAGILE	FRAGILITY
MODERNIZE	ARCHITECTURE	EDITION
GRAVE	RECITALS	BOTTOM
CIPHER	SECONDARY	EDUCATED

Puzzle # 40

PROSE	ARIEL	ILLUSORY
CHERISHED	COLLABORATIVE	SHYLOCK
TOME	ANALYTICAL	ADO
BRAVE	BINDER	DECIPHER
ROMANTIC	STOIC	ADVENTUROUS
LYSANDER	JULIET	EPHEMERAL
WORTH	MISCHIEVOUS	SOLITUDE
RIVAL	TRUEST	RESCRIPTED

Puzzle # 41

```
P Z L C A O I T U C R E M S U A L X W N X M F
L C L O Y K I P Z E T X C O N S P I R A C Y K
A L X P L Q Y H U M R U Q I C U N L J A L N U
Y L I N F L U E N C E R A R U N N O T I C E D
W I F M A H I E C H I R D V B E Y O N D L G P
R P S S K Q Y P V I N B E R O Y A L T Y N U S
I T L U M U T M Y A X Q L B Y L G R A M M A R
T M O R E Z Q T N B R H M P M K M O A A T R S
I A D L V U U Y W B S B B U B E B B Z N C R K
N E V E S A N O O M P T Q B J S M S W N I Z H
G Z O K E G Z U R E K O P L P W J E M O T R G
Q R D B O J X N C J X Q K I X Y Y W R T A X Q
A Y O V A V M G H K V B X C R R M K V A M A A
V I Z S G D D E T A C U D E I C Z Q J T E I D
N H B H E M Y O I R O L F O X O S M V E N U I
S T I Z S L F O W Y D N X J W P V K M E I E X
N Z N U R T U R I N G P F O V X M O Z O C R O
K A Z Y Y C O Q J Y T O O R H T B J P E V G I
```

INFLUENCE	PLAYWRITING	CROWN
REMEMBER	ROYALTY	PUBLIC
SEVEN	BEYOND	GRAMMAR
CONSPIRACY	ANNOTATE	TUMULT
NURTURING	MERCUTIO	FLORIO
YOUNG	ROSE	BRAVE
UNNOTICED	CINEMATIC	SCRIPTS
BEAUTY	MORE	EDUCATED

```
K M W K R K K D Z G P V I M M O R T A L I Z E
M P V L N B J P G E I B W Q A E Q S M Q Y N S
E S P L B S E X G C L Z V U I S F S Y P V O P
L L I U Q O S B I T G H N R E P U T A T I O N
V W F A R X T P N R R E M O S L E R R A U Q A
T C H W F A E L I A I A R A E E F B I I Z X U
W R U K Y E R C K N M D B R P G F N W O B H U
S P E C T R A L O S S A L E P I X M V S P J G
X N T V X B M N O I G P A S D T W O B S P V Y
S F P M E D K G V E U T C T M I D N Y H D U S
T B I C C A G K E N A I I L Q M F A J I P C R
P G R T R A L P E T T O T E Q A R R S J O E D
R K C C S Y M B O L B N E S T C D C F T V E A
E U S U D E H S I N A B O S H Y O H B O N D L
C U U I Z C O I O O A U P N D U J Y C A C K S
X N N C H M E M O R A B L E R T Y P L F K J V
E B A T X F H T Z I R G A S W O V B G Q U C S
T U M P A N T O M I M E E S C O N S O R T H H
```

IMMORTALIZE	SYMBOL	LEGITIMACY
SPECTRAL	REPUTATION	MEMORABLE
TRANSIENT	RESTLESSNESS	EPIC
REVEAL	MANUSCRIPT	QUARRELSOME
PILGRIMS	BOND	QUILL
CONSORT	JESTER	BANISHED
DISCOURSE	POETICAL	PANTOMIME
MONARCHY	EXCERPTS	ADAPTION

Puzzle # 43

```
R A A U T H E N T I C A T E D O W N F A L L S
R R E T C A R A H C W T N S W D Z A S M T H X
X B J M O T T O B B T S R M M G T S Y M H W R
I V N L H Q C H L Q N A G B C T P D A J E X E
W V I A T J H C U M L S S T R R Z S C C O V M
U L I T H A K S L O W I Q I F W K G N K R U M
N G I E R T H Y H E O C B P J E W E P N I C U
Y D A T N S E C O Z C U E Y D P U V C O S Y S
H C U E I E S B L Y T B E O F L D W D I T I D
X L D S G R V O A E T L F C F A L E X T S M I
O R I H I U Q I S Z N N A N H K R H W U Z W M
A C E S R D U D N E I U I R L F V I V C V C H
H Q N T O N I V H Q Z L N D E S X G E O T F S
C P C A S E R A B L F V E V M Q R H U L S R Q
S W E T F B K F K L M U I J W R I E W E U P Z
J Q D U V U Y Q E L M E F Y S D R E A D S K N
B E K R N D M E S N O I T A I C E R P P A D X
S S P E E N T H T X S V J B N X C P Q S F G W
```

ELIZABETHAN	MIDSUMMER	FLEET
ENDURES	INFLUENCE	MUCH
REIGN	ATTRIBUTES	HENLEY
QUIRKY	AUTHENTICATE	DOWNFALLS
MASKED	ARIEL	ORIGIN
DREAD	ELOCUTION	BOTTOM
THEORISTS	STATURE	AUDIENCE
CHARACTER	APPRECIATION	SCHOLARS

Puzzle # 44

RENAISSANCE	CANNONS	BEAUTY
INTELLECTUAL	FOUNDATION	FOOL
MONOLOGUE	BAZ	ACCLAIMED
FROLIC	REVEAL	LUHRMANN
PLAYWRIGHTS	ROMEO	ORIGIN
INSTITUTIONS	COSTUME	FATAL
EXCLAMATION	FESTIVALS	BALCONY
THOU	FAMED	THESIS

Puzzle # 45

```
Y X P M F T X T U A I E D A M N T S P M S V U
D O N D S Z C M J P V R A K A F P E E I C S N
N E F V E C W S G N I T I R W P V N G Y O N B
Y E L J P D W D J B J S I D E N O I C L U U G
L L S I K N O M D Q G V E R O N A L I X P G Y
E Y R Q E Y K O L G W S P L L K I T O L B D G
W R O O V V T W T Y K T O K C U S Q G G D I
Y I T L K G F Z T Q C R C F A D U Z Z B U K A
J C C K J T L R F S R E F L E C T I V E L E R
N I A Q W W A E E O B J H C M A Q W A X Y S E
Q S N D K N T G O N Z R G V U O N F Z P R I T
G T M A S V A F G R I E F N X T N E C S A N E
N B U I D S L I N L B H L I T E R A R Y O M Y
N C E W S E J X M V M N P L U T A R C H U N N
Z N U A S R H J O E L E C T U R E D L T R P R
T Q P S N G L F O X I J R N F R A B S P S M K
J A F I Z J N H C W Z Z H R P P Y O G X O O P
X R X X T H E S E U S F E A Y T C D Q G T C L
```

LYRICIST	WOOD	VERONA
APOLOGUE	LITERARY	MERRY
CYCLICAL	LINES	NASCENT
LOST	PASSAGES	THESEUS
PLUTARCH	GRIEF	TRANSIENT
ACTORS	COSTUME	SOLITUDE
WRITINGS	SIDE	ROOFLESS
REFLECTIVE	VEILED	LECTURED

TRAGEDIAN	QUICK-WITTED	SWORN
GHOSTLY	ELOQUENT	SORROW
FLEET	AARON	RIVER
HONORABLE	LEGITIMACY	PERPLEXING
YOUTH	CONSTRAINED	FORGOTTEN
GOVERNANCE	HISTORICAL	FEUD
LEGS	INTERPRETATIVE	ANCESTORS
DESTINY	VOLTA	TEACHING

F A N T A S T I C A L X E M Q F E B J D Z M M
D U E V I S N E F E D V T W R P C W Z I Y E O
K E O P I J I N S F I P Y A N Q N C B S O M N
H U R D O V R E Y T F R I D O Q E W C C H O S
O R U E G T L F S D X L M F I F I H U U I R T
A E D G V Z I E O Z U H Z W T N L A V S S A R
Z V P A Z E F O X R S T H U A U I S G S B B O
H I U U S Z R K N A L E S W S V S G N I M L U
S T P D R L Q S W R E Z D O I G E S C O G E S
I A E I Q X O O Y M R Z E Q V U R C L N W F A
L L N C Z X Z S Q F R O C F O N M I M A E Z O
L I T O Y D S R V C A Q I S R T C P I R N Y X
E Z E N U N V I P Z U U P S P Z R G D A X L B
B E R I D X T D P C Q N H J M O W I T X C O G
M D T C T N A G R A V J E G I H N S D W D H I
E I A U R R D S M G W Z R L L A T T Y S Y Q N
N U I N S T A G G E R S G Q N Y F I Q O K V V
D P N T J F B Z W P H M O D L M J M L N J M I

HOLY	FRAIL	DEFENSIVE
MONSTROUS	EMBELLISH	ICONIC
VARGANT	POTION	ENTERTAIN
MEMORABLE	REVERED	QUARRELS
FESTIVE	STUDY	RESILIENCE
FANTASTICAL	IMPROVISATION	STANZA
PUZZLES	REVITALIZED	FERDINAND
STAGGERS	DECIPHER	DISCUSSION

Puzzle # 48

ELIZABETHAN	NIGHT	EDIT
MALEFACTOR	MEN	SEDUCTIVE
EVOCATION	MAGICAL	CHAUCER
SOLILOQUY	MONOLOGUES	RULERS
EVOKE	SERENADE	RESILIENCE
SCREEN	COURTYARDS	MONARCHY
SPECTER	BAZ	FIRE
SOVEREIGNTY	EERIE	DYNAMIC

Puzzle # 49

```
U A Q J W V O Q M C I F O O R H C T A H T B Z
T R R Y H C D O U V P S N E W J U X W S J J R
J O I J A D A G P R Z I D I S C U S S I O N W
E P I S O D I C R C U J D X G R Q M Q D Z S E
Y C A N I T S B O A T R E A C H E R Y E Q H S
Y E V O F P T R D P R O T N C H T C P W X Y C
L A O N E C A Q I K E O A O S H U U P A L L A
F A B X T I L R G F S D I I E O S S R L C O Z
E R R M J T W Q I H E P T T I C U A N F H C H
T O L E B A A M O A A A O A T I R K G K D K P
K O A O M M R U U V R R G L I M P K B O X G Z
B J W R G E T T S A C T E O U E A U C D S L N
G A L F L N H R F F H D N S G D T M G Y J U C
L V W L P I L P T K E N O E I A I E L T T A B
K S P I E C N J E J D M G D B C O W O B J E F
W K L Z B R P T G K W P F Q M A N K I Y Y B Z
P X Y Z X P E T A N O I S S A P M O C X O G X
U M G J P Y R O E H T I S E I R E T S Y M Z N
```

EPISODIC	DESOLATION	NEGOTIATED
OBSTINACY	TRAPDOOR	SHYLOCK
USURPATION	MYSTERIES	FLAG
STALWART	ACADEMIC	AMBIGUITIES
THATCH-ROOF	FLAWED	THEORY
CINEMATIC	NIGHT	EPHEMERAL
PRODIGIOUS	DISCUSSION	TREACHERY
BATTLE	COMPASSIONATE	RESEARCHED

```
N S F C W B T Q T E V V N P C I E P Y L L C M
R U O B M I Q K A I V B C J L K I W T V F I D
O L O B C S T H L R E B T Q G N I P E E R C W
S N L K H B Y A L J E T A L U C I T R A T C F
E K I U A T D E E R M Z A C C L A I M E D I W
C L A N R E T E G G C A E V I S S E R G O R P
Y W O D A H S B O A T I R T B Z F H S B K F W
A J K V C J C C R D S C G R Z R P C T Z E T X
P H A N T O M T Y E O Q K Y I E L A U E S P R
E D A D E S A H J N D H E T I A P M D M A D Z
R G Y M R P E J E Y Z W A I N L G E I W P M O
P J F D O U L C Z L C O A N U X M E E H Y D R
L P H E K N M K O A F B R R I K S E S Z Q R D
E M L S E V I R D N X V P E D Y J I S O E E X
X C R E P X X A I O D L F T T J D B M J I A N
I V J S V D Y Q L T O A L E J S F A Z R Y D I
N N N W C L N S V O K J R D U T R G Q W M J W
G I U T N D I L R Q F G C Y K Y U R O D U T O
```

TUDOR	FOOL	SHADOW
DREAD	MARY	CLEOPATRA
CREEPING	SECONDARY	MARRIAGE
CHARACTER	TONAL	PROGRESSIVE
ROSE	ETERNITY	ARTICULATE
PERPLEXING	ACCLAIMED	ETERNAL
DRIVES	EDWARD	ALLEGORY
REAL	PHANTOM	STUDIES

Puzzle # 51

```
V L K K V A Z O O H H U S C B J M I C Z T E U
J Y C C B F A U L T S F I L E O N T E S D N H
T Z F L F L C N V J F S E R I A L I Z E D D E
G D V N T O O W T T H V V B C L I T Y U G U K
Z I O V N O I S S E R P X E M R W S Y K U R G
Q S R N P C D O I M R M J N L E R U E J J E C
Z D E U N A I D R O F X O T W P O O X Y T S G
H A B S Y G M O T I V A T I O N M V P W R Y E
J I E Y A T E T H C O S T U M E A E R L Z T I
T N L L M C U U P B M C R D H T N I E Y A Q B
B K L B O V W A V I W C P Z O A T H S F O L U
E Z I B Y C Q A E I R K M E S Q I C S U E B M
D C O P Y Z T X Q B D C T P U D C S N X I W B
M A N I P U L A T I V E S O D G A I X R R B L
J R I E S N E E U Q P T T Z E X A M I N E D I
P K D B D R U Y A B P E H R V W I I Z D D Z N
O I Y R W A M K B G S H Q D E Q N J M B V C G
J V C S E L C I N O R H C E R U C S B O Q T G
```

SCRIPT	BEAUTY	CADENCE
BUMBLING	CHRONICLES	EXPRESS
QUOTES	DISDAIN	COSTUME
REBELLION	EXPRESSION	MISCHIEVOUS
ROMANTIC	OXFORDIAN	FAULTS
QUEENS	FATE	OBSCURE
MOTIVATION	SERIALIZED	MANIPULATIVE
ENDURES	LEONTES	EXAMINED

Puzzle # 52

SCRIPTS	DESDEMONA	BATTLE
SURREAL	TROUPE	PROSPERO
MIMIC	COMPLEX	ENACTMENT
EPHEMERAL	MISATTRIBUTED	ILLUSION
PLAYHOUSE	MONOLOGUE	PRODIGIOUS
HERITAGE	DAYLIGHT	ANGUISH
SHADOW	DISSERTATIONS	DUKE
NOCTURNE	MONOLOGUES	EXAMINATIONS

Puzzle # 53

```
O S U C C E S S E S T A J D A K D W N Q O P I
Q P V E D Z C B F Y U N D E R E X P L O R E D
U S J C I Z E D N A L G N E F R C Y B T U E I
V E C D L D E S P I C A B L E B E U K H I S K
S U S B O R R O W X H C A H N E P H L F J W U
F D E S U O H Y A L P U A D A R C K P Y Q K R
C O L A E R E H T E M L U D D I Z N C I Z N B
O N G V Q B C Y K P C T X Y P R J P E O C U N
N Y P C D R P U Q W T U W B X X E O P R H E C
T M O C K O E Z O D D R B P B I A S S E W L V
R H X H F A N T B E R E N G A R I A S L A A J
O U J E A D M E H V S S K J B T U B B I N A L
V N Q R T E A A D E H F P P G H J M M Z B N T
E I V O A R N A T W O A R E F O U A X A E S J
R A P I M J S C Z C A R A V C U N K Y B V A S
S Q C S L X H Z I Z B R I N A T T H A E W V S
Y S P M H X I E Z T Z K D E S B E L S T N L C
F T I A C J P A F K K Z C L S Q U R Y H F F C
```

ENGLAND	HEROISM	CLAIMANTS
BORROW	SPECTER	THEORIES
WIT	DESPICABLE	BROADER
ADDRESS	BERENGARIA	UNDEREXPLORED
PSEUDONYM	ELIZABETH	SUCCESSES
CONTROVERSY	PLAYHOUSE	ETHEREAL
CIPHER	THOU	EDWARD
PENMANSHIP	LAWRENCE	CULTURE

Puzzle # 54

```
F N E W I S E R U T C E T I H C R A I F G X E
C P G R S H A R P U T R A P D O O R C U L M J
Q F M E U F Y T U I U W A A O C Y P K A K W S
K E C B I T Y S U O T I C I L P U D C O R X H
I J U O Z M L B M F D E Z I L A T I V E R Z K
Z P C L O K N U O J M E D I T A T I V E F W P
Z R Q G J R X T C Z L C G D H I K I W M Z P L
C A N N W Y F L M V T S N E R Z E R T C E B Y
E U G O L A I D O X R Q I C L W U S Z R C C C
S C O T X G R F R A G B O E E L S C F H F H I
C D X D E T C E L G E N D T K U O Y W A D P
Z U F J B G L O Z W G E N M A X R V K R D B Y
T Q O S N C H O P M N X O S V M P U A X H A F
Y D R E D C Z N F D L T G F E E A C P G H N R
Z R D L S M F G S Q N K F D W D T O Q F Z Z L
U Z I S A R C H I V E R H E N E I T I W G X K
Z F A I P E E U F C L A S S R O O M S V V Y I
Q S N A S U O R L A V I H C T R N B X D B G F
```

PERFORMED	ROM-COM	NEGLECTED
REVITALIZED	GLOBE	CHARACTER
SHARP	ONGOING	LEGENDS
MEDITATIVE	DIALOGUE	CULTURE
TRAPDOOR	USURPATION	DUPLICITOUS
CLASSROOMS	ARCHITECTURE	ARCHIVE
CHIVALROUS	SCHOLARS	AISLES
OXFORDIAN	REVIEWED	CRITICAL

Puzzle # 55

```
E M I W J V E S C W J J Q A F R S O J M K T D
Q A N T O N Y H E S R U O C S I D S V R B P K
W R L T F Q E A N T H O L O G Y F V E T H I U
E V I T A R O B A L L O C Y B C Y P Z C A S N
A N N R I R M B D N A L D O O W N Q Q U X U L
I A L S P D Z E U K X G B R L S B S G R B E W
W V H E X C N O L E D E T A I T O G E N E H C
Q E O S Z N O W B L R E T S I N I S T B M Z V
D H A X E D I E E M I E N T A N G L E M E N T
C A G M Z G T F U M I P C A U J F Y G S S X O
M L W O M R A P V Q O D T O C U A Q L C C M S
X L Y Z O G U S H W A L S I N Y R T O O H T X
K A D T I J L E S N T R O U C T C V V M O C Z
H M H F X M A F S A F H A H M A E H E E O Q Z
H A H W A O V C C E P S Y V T M L X T D L Y D
L J H L M P E B Y R N P Y R U R E I T I I U R
U R S L H L W A N D Y I Q P C D A R D A N N G
U T R A G E D I A N D Y L U V L G B R N G I R
```

TRAGEDIAN	MIDSUMMER	PASSAGES
LINES	COMEDIAN	ENTANGLEMENT
ANTHOLOGY	CHERISHED	SCHOOLING
FARCE	BARTHOLOMEW	CONTEXT
GLOVE	ANTONY	HALLAM
SINISTER	COLLABORATIVE	BETROTHAL
EXCESS	WOODLAND	ELLIPTICAL
NEGOTIATED	DISCOURSE	EVALUATION

Puzzle # 56

RENAISSANCE	DUKE	WAVE
FAMILIAR	EXPRESSIVE	REFLECTIVE
TELL	INVENTIVE	ARTHURIAN
BETROTHAL	BEAR	INCLUSIVE
GALLERIES	RECURRING	FAMOUS
CASSIUS	CARRIAGE	PARCHMENT
DYNAMICS	OBERON	APRON
ANTHOLOGY	HUMAN	ROYAL

Puzzle # 57

```
I C O N Q U E R O R Z T X Z H I S T O R Y Z E
Y G J E H I P P O L Y T A H I Z J R H O B T V
J A W T Y U K D U V S E L G G U R T S J P I R
W L Q I H N O I T A C U D E G A M Y B F Q U E
N Z S C P B L G Z O J A T N O A L F Z S M V S
E S D C A W T V L W I B Q U U Q L Z O U T G E
J E E T R E B I B J P K B Z R V Y F C R W V R
N I F L G V G A L L A N T L Y B G A N R X T P
E G E G O I G T J P E Y J M U I C L X E E T V
N O N M N T S C H A R A C T E R E W Q A Y F F
V L S H O C E D E S I R E S T N N F I L Q P V
C O I I C U T E R A G R A M O D Y N A M I C S
Z H V Z I D F C P I D U U R J P H M F A L A I
Q T E H N O E U X T P Y H O Z L V A A R O N C
C N L F V R O G P G H T U L E G E N D S L L L
R A X H I P I F X P H F U U N O I T C I P E D
U E I J A R K O U I N M E B K L E K B I N C T
I F V I Q J E V E N G E F U L C W O X I R A J
```

EDUCATION	FLAG	THRONE
SURREAL	PRODUCTIVE	FIRE
CONQUEROR	AARON	LEGENDS
BRUTUS	PRESERVE	HIPPOLYTA
HISTORY	STRUGGLE	DEFENSIVE
MARGARET	ICONOGRAPHY	CHARACTER
DYNAMICS	GALLANTLY	DEPICTION
VENGEFUL	DESIRES	ANTHOLOGIES

Puzzle # 58

```
Y G F X F R C S E V I T C E P S R E P Y F S G
X T C A D E N C E S E F W G S B V D N R U F R
R T L Z P W A J J C O M P E L L I N G C G E E
V L S H K Q R K A G E Z I M O T I P E C C E C
S Q J R R I T B N B Y Z N U S O C A Z R Y L O
Q V W O I Q A I L A E C N A M R O F R E P T N
J L Z H K F P L N O I T A T S E F I N A M T S
D K P B O E O S N O I T A N I M A X E H U A T
R N V L E K E O L G N I H C A E T L H I H B R
L Z M R J G L G F E Z Y R N O I T I B M A Y U
Q C C R P C C Y O R D E M R O F R E P I Y B C
L H R X H C N V R A L E C A P C C R V K Z T T
D O J W P I J D E S X T T U M T D I H W T C E
E M H G A U A X T I X B W N K S E I R I A F D
V E E L D Y E P E E L V H T O E G R J Q G L T
V R L V B I U L L X O E W E C N E U Q O L E S
M I B W K I X Q L I V Z D E T A R R A N T C A
V M I P C A A T T R I B U T E D P A R T I N G
```

NARRATE	CLEOPATRA	CREEPING
FAIRIES	FIRST	AMBITION
CADENCE	COMPELLING	PERFORMED
BATTLE	VILLAINY	TEACHING
ELOQUENCE	ATTRIBUTED	EPITOMIZE
PERSPECTIVES	HOMER	VEILED
MANIFESTATION	RECONSTRUCTED	PERFORMANCE
PARTING	FORETELL	EXAMINATIONS

Puzzle # 59

DRAMATIST	ANTICIPATION	DOCILE
MANIFESTATION	RIVER	FEUD
PROVENANCE	APPEAR	SPECTACLE
REBELLION	VEILED	INVENTIVE
TENT	SCOTTISH	APOLOGUE
INTERLOCKING	HUMOROUS	RECURRING
SELECT	CURATORS	PORTIA
COPYIST	FASCINATION	REFINED

```
L P T W W L T Z K T Y S W L E Y Z D S E A C W
H R U C L A S S R O O M S G B V R A C H P I E
L X Z P B Q E P F P C B N I N O I F J O W F E
E L U N P S D A E R V X I P L I K T M E M I V
N H E J T E E M P H A T I C U P N V S A O L I
C L S T I O T G G I W R S R S R D N S E X O T
C F V H E T U R H P K U Q D Z E B Q U X F R A
F J G X N R Q H Y D O D W G A H U T O C N P M
O E R R O R S L X T R S A T U E N Q H R E D R
X M C W B G M B I C E E H D R O E I O R C M O
K U A E D U N C A N P A Q A A L Z W C Z O A F
M F U T E M I X J L A L D T A P S C M T B N M
K U S B A L S S C F R E L C Y M T Y P N Z F E
A Y E M P J V N I O T F O N U P T I A L U C S
P A A U Q E V I T N E V N I S S P V O Y C G I
K Z D H F A Y U Y M E O B O H R Q W L N M V Y
D E Z I L A I R E S P J Q K Y V F W X D G Y R
D Z W F D O G Z E G B Z M J B C T J L G I T A
```

FORMATIVE	PUPPETRY	SWORN
EMPHATIC	LORD	ERRORS
NUPTIAL	INVENTIVE	PROLIFIC
REPARTEE	THRONE	DUPLICITOUS
RETELL	DUNCAN	DEATH
SERIALIZED	FESTIVE	CUNNING
CAUSE	CLASSROOMS	MASQUERADE
VOCAL	READS	ADAPTION

Puzzle # 61

```
J W H F O S Y B I H C W E S T Q I X P Y L C P
L M M E X T E E U V S J K Y C N J W J N A D Y
T X P P F E S I I C C L A I M A N T S B N R J
I X E T O L O U S O F W D O M K M U T G H M O
C X R H R E R V N W H E W S T A L W A R T K B
S H S A D A B B M T P X B Q Z V G K H N C K O
C U O P I Y P I L O A S R S Y Y Y L R U V V E
J M N S A S D N L K K E U S F E R D I N A N D
Y C A B N S B C U N V H A C S T X H I G D S C
I L O B U I Y U Z E D A E H C E S E V E N I A
H B L M O C C D L A P V R E W E I O K E A G T
N A M S N I K C N M J O Y M E A S R Y K X N H
E E N E K M O T S W X C Y I C D R S I K S A A
R L I C O N O G R A P H Y N I D H T I A V T R
A Q G K W N D G K T W Y I G T R Y E C O F U S
J J B Y Y D E T C E L G E N S E R W P W N R I
W G F R A M W Z X G R I I S U S A A A G Z E S
S R T O Y M O N O L O G U E J S D E C L I N E
```

ROSE	FERDINAND	SEVEN
NEGLECTED	ICONOGRAPHY	STALWART
DECLINE	JUSTICE	MIDSUMMER
MONOLOGUE	PERSONA	HAVOC
CLEVER	ADDRESS	SIGNATURE
SCHEMING	ANTONY	KINSMAN
CLAIMANTS	FAIRIES	CATHARSIS
SUCCESSION	OXFORDIAN	ENCYCLOPEDIC

```
T O A I J D O C I L E P E N M A N S H I P I C
Y L A T J S C E N E S E L I N E A G E Q M G Y
X X N B C C C I T E O P P I H S R E W E I V H
V U O V O R J B X K X W F C S G Y Y L M N P O
D S M I M X L O I V J O A B V U T S M R X T I
Y I E L M L O R A N T A G O N I S T B P O G L
K N D L U U R M J H M Y P Y F D E L I E V I O
R J S A N J D W A L K A G P B I J S D P H D D
L R E G A I A L A V I H C R A A A B J Z A I A
G O D E L M M F N L C Y N Z K D M Q C I F S N
O I N T R O S P E C T I O N C E R E V O L D A
W F U M A N T H O L O G I E S M C J T A L A L
I M X Q F G P E R I D H Y T I N I R T A O I Y
Y E S N C O E D E Q B D M U X F E F V O D N T
F S M X B A N A L Y S I S E I I S I G Z T E I
X Z E S M G K Y F P J H I L V I R B Z M T Z C
B W M H R I T V K Y R H Y O U T N R Y D F A A
D C P S T M A R G M A F V D R K V Y Q C V R L
```

POETIC	DESDEMONA	LINEAGE
ANALYTICAL	TRINITY	OPHELIA
ARCHIVAL	DISDAIN	VILLAGE
ANTAGONIST	DOCILE	DIADEM
LORD	INTROSPECTION	PENMANSHIP
MAJESTY	SCENES	LOVER
VEILED	VIEWERSHIP	COMMUNAL
RIVAL	ANALYSIS	ANTHOLOGIES

Puzzle # 63

```
S E Z S J W B O T T R A N S F O R M O H O Q T
B S V K U R Y S P T O T H E L L O G V T R E H
E T S I R O I B C C N W Z M I D D L E A G E M
V D M E T C I I M J Q A I W L L C Y X J L U K
I H T E I C L R W I J G N G B Z N R P E J N L
S L O R T F E D U Q W N G N A B Q S V K Q S G
S X Y I N R Y L G F U I N J E Z R C X D M V Y
E L S O S T I B F Y Q O N J G P V X D G R G Q
R O C V L O G C G E I G E M O S L E R R A U Q
P T H F D M S C A T R N L X D A S T U F C X A
X B T M Z E F X A L R O S N N A C O R T A O B
E R R F P E L R M Y F E A O D B L G C D J B P
L A T I N J B Q V J L N L E B S I B L I N G J
C T F A E E E L S B I W W A I R A G N E R E B
M R B O L F Q Y A D M E N W I L L I A M U G L
D L K E L W S F R M I C K K S L E G A C Y R G
D F C B R H Y E B V D J E V I T C U D E S P U
K C U L Q W F C B D A X X R I I H R I H L T A
```

LYRICIST	WILLIAM	SEDUCTIVE
BRIEF	LEGACY	FABLES
REFLECTIVE	TRANSFORM	EXPRESSIVE
PENNANT	CONFLICT	QUARRELSOME
METRICAL	CELEBRATION	MIDDLE-AGE
BERENGARIA	LATIN	OTHELLO
TOME	VIEWED	SIBLING
FERDINAND	FURIOUS	ONGOING

Puzzle # 64

SONNETEER	GALLERY	PERSONA
RIDDLES	INFLUENCE	THATCH-ROOF
SIGNATURE	PERVERSE	ELIZABETH
TRAGIC	CIRCUMSTANTIAL	RELEVANCE
GRAMMAR	MELANCHOLY	MISATTRIBUTED
PROBE	THUNDER	FRAIL
INFINITE	TECHNOLOGY	COSTUMES
YORK	MOTIVATION	CRITICAL

Puzzle # 65

```
I F S N W Q F D F O R G O T T E N E A X Z S C
K J E H S M J H E R O I S M M F D J M J E E P
G S S P I W G K Q N X N D G D O R Q G T A T K
G I S N R D H Y O M C Q J F Y K E E I Q H O E
B I E W B U H I S B O H C D X T H I N G S U R
W L C C U Z S D E W C T D K Q K E T E H S Q P
S C C Z H R Y K N M S N S F L O U R I S H E S
S N U M E B L O I A C U W I E Y M T W L A I O
E T S M K D E X L S R A A Z T Y B A L T J Z C
O A M E Z Y H C K T I H K L R U Q O K U C A O
V I N O D N U Y R T P H T R A G E D I A N H N
B R K F T A H U U A T L B C E R O D U T O P T
L V E E Q M C A M Z F J N R X Q P I Q R V R E
S E F N O I T O V E D K U F H Z M O A P I C S
R L P R F C T N Y Y Z T Y V F R X T R V H H T
S E M P K Q Y C H V L S J E V R I P A T O L E
O W I D U K R K R U X W Z O M O Y L A H I I D
C M G U Q O Y X C V O U D G F Q F J K Y O A J
```

TRAGEDIAN	TYBALT	ENIGMA
HEROISM	TUDOR	HUBRIS
FORGOTTEN	SUCCESSES	SCRIPT
PORTIA	THINGS	HAUNT
IMMERSION	DEVOTION	HORATIO
DON	FLOURISHES	RIVAL
QUOTES	DYNAMIC	FARCE
CONTESTED	LINES	CULTURE

Puzzle # 66

SONNETEER	ENTANGLEMENT	NEFARIOUS
CRYPTIC	COMEDIAN	AMUSES
LIKE	DON	EDUCATION
CELEBRATION	FOLLOW	WOODLAND
DRAMA	DOWNFALL	PHANTOM
SCREEN	ADAPTATION	TRAGIC
HAUNT	REFINED	ELOCUTION
FATES	UNEARTHLY	ELUCIDATION

Puzzle # 67

DRAMATICS	DREAM	EDITION
SUCCESSES	JOHN	WORKS
BROADER	DREAD	DRAMATURGY
VIRTUE	PERICLES	MURKY
ALLEGORY	STRATEGY	LAERTES
HAUNTING	AMPHITHEATRE	CYCLICAL
WORTH	STORY	GALLERY
STAGES	CREEPING	TECHNOLOGY

Puzzle # 68

R I N D C N Q C Y C L I C A L J N L M X W H H
L N B Y N N O S V S J O S K X A N E F X H E J
A M E D A I D Q C F M N K T E T Z S S R U R K
U T X N M T M H O P C L A R M I C W G G K O M
G T Y A T N Y R A Q O I A S L B B E W V Q I T
H C R H H A F N E V X E X A K Z L P F D I C K
T Y U W G I Y V H T P J U W V A R T V U C S C
E M R S I L W Q M S S T X I Y G O L O H T Y M
R I S S N A H G E P X A J I Z N I N S P I R E
I T W V U V H K D E O W M G T M Z V T L M L T
E U K I T C A H T R O L A T E I C O S P R L H
B K L E N H C N O V A S I B L I N G A N V N A
J C O Z S D O E V E Y Y V D E M I A L C C A T
L C D V N C S C S R P X F V N O Y G G T E E H
V C C R E S T O L S M Z G B K L Y W M X V M A
L E J M O Y S N R E I M M A N U S C R I P T W
P P H Q X V Z W W G R O U N D L I N G S D T A
J S A C J V V K P R L I N K G S Z M P N T Z Y

MARY	SIBLING	ACCLAIMED
MYTHOLOGY	INSPIRE	GROUNDLINGS
WINDSOR	MASTERMIND	SHAKESPEAREAN
CYCLICAL	SWEPT	PERVERSE
HATHAWAY	COMPANY	SOCIETAL
HEROICS	EVOKE	NIGHT
LAUGHTER	VALIANT	SUCCESSION
MANUSCRIPT	CONTEXTUALIZE	DIADEM

Puzzle # 69

```
Q S Z J U M S A R C G F M I S R H L K I S Z Q
E Z L E V A M F E O D L L Y M C S S B K Z N V
H P N G C M P V L E H D E T A M I N A R L X O
D X F A Q X M D R E S O R T N S T O U A A N V
G Q H D A G E U L I A T N E Z E T G L O W V N
K J P L A N T A G E N E T D C H O N W N C Z E
H S A O H C P H O T W E G Q M S C Z A G H G B
A R W V E D O C U M E N T E D I S E I O I V B
L L Q L B R I L L I A N C E D R M G K I L U G
L C L A C I T P I L L E U K G U R O B N D A F
A F I Y K C I T S P A L S C T O N D B G H T Q
M Z X M M E H L G R N D R S R L O R M B O D Z
P J W K A U K Y G V E L O X E F T U R Z O S A
E I Y Q Z N J E P D F C K K M L O T X Y D O O
R X F E N N Y X L Z I I X S B L S E L Z Z U P
S W R I S B F D J Q L A S V L R D E M A F Z O
U H S A U A G D H V U Z V K E S N K V R K Y R
P X L E T Z E X R E K N N Z C E G I D M I K B
```

GOLDEN	COSTUME	OLD-AGE
BAZ	CHILDHOOD	SLAPSTICK
DOCUMENTED	ANIMATED	BRILLIANCE
BRAVE	HALLAM	ONGOING
ROSE	PLANTAGENET	TREMBLE
DYNAMIC	ELLIPTICAL	SCOTTISH
FAMED	LECTURED	FLOURISHES
LIFE	PUZZLES	ENTAIL

Puzzle # 70

```
S W I X V S Q D Q W D G E A W F J L H V A B F
Q P Q K M G H K P I S D M M O Y Q A H O A C G
Y O I U A N I G G T N D X U U Z M C C K C U K
M V P U K I B U A N J P D S I L K I P R J E P
C D N K Q H P G B I D F E T U G A R S N E A L
N N E M D T E O G A Q N T R M Z N T Y R Y C O
G L U S X D A W R F Z C U U J P V E E D P I G
H B I J P D P E M E H T B C U W C M N R U N X
Y A E E O I A A L M B J I T M H R S O M I C J
D C M P L R C V T G A B R U F Q V T J L D D S
E K E I P N E A G R B S T R L S A Q L K E W Z
L G R T W G D S B I O W T E I G D E I L T W E
Z R G O G A S D N L A N A E O W P N M P S G P
C O I M E W G D S W E U S N R M S Z D L E H U
T U N I L M E E D Z U P I C O M I I I R T Y Z
H N G Z N R F I S V B S M C A F I P F B N P Z
W D H E Z O H Y X F T S E N C T M N C S O I L
D R O F T A R T S S L T H I D D E N D E C H E
```

STRATFORD	THEME	HIDDEN
QUIPS	METRICAL	MASTERMIND
CONTESTED	DESPICABLE	PATRONS
PROTAGONISTS	MISATTRIBUTED	PUZZLE
EMERGING	KINSMAN	THINGS
BAZ	EMULATE	AGES
EPITOMIZE	STAGED	STRUCTURE
BINDER	BACKGROUND	COMPELLING

Puzzle # 71

```
Y K F P E R L D C F S O K W H S V A V J L A K
D R Z U E U E S R A L O H C S S G D T U A C V
B E T R L B L J J P M U D N E L P O J P R A V
Z H M K X U G G W U L L K K Z D R F A J O D K
W P M Q F V G O R L Q G X A Q A O L I P P E L
C I L D G J U L E Y G W N W Z Q F B Y Z M M Q
H C T U C P R D L B S N K Z K H E B E U E I R
O L E G N A T E I X O G U A I C S V Z R T C W
T W C B Y F S N T T U I V B N M S Q P P O W G
I T O S S L W F A P H J Q C S Z I N D A T F U
E C N E D A C T S O W R B T M R O V Y B W E G
O D B H J O E S R E V I T N E V N I I H E G D
I A T R A N S C E N D X M R N L A W E G L W N
I C O D E X Q V V B A O H C S U L T Q H F P Q
L F B G O C O L L E C T I O N H E W O U T Q F
W T P A Z U V C O M P O S T E R I S G N H M F
G J N O I S R E M M I Z L C A S S I U S A G O
L N A K O B S C U R E H A L U X S O I L V L F
```

GOLDEN	TWELFTH	ACADEMIC
TONAL	IMMERSION	STRUGGLE
CIPHER	FOREBODE	COMPOSTER
TEMPORAL	KINSMEN	INVENTIVE
VERSATILE	COLLECTION	OBSCURE
CASSIUS	TRANSCEND	CODEX
TELL	ANGELO	PROFESSIONAL
ANNOTATE	CADENCE	SCHOLARS

Puzzle # 72

DRAMATIST	STAGE	CLANDESTINE
RELATABILITY	GRAMMAR	BALCONY
AFFECTIONATE	INTERTWINED	PERFORMED
INTERIOR	CHIVALRY	LOVABLE
STREETS	DREAM	MIMIC
RELEVANCE	PARODY	NIGHT
EASIER	ONGOING	ELOCUTION
ROMANTIC	VILLAINY	PUBLISHED

Puzzle # 73

```
G N J I U I A U Z N W I X O C T X A X I E E R
K U A U T N H A L G N V T D C M B J O P R G U
H X Z N O B J K M I V P P C S P H A O M Z B P
U B V R Z R L Z N U O N L T Q S R E H P I C N
D U E G F Q L E O N T E S A M E T R I C A L U
F V S K E E R G A N O I T A I C N U N O R P E
N L Z X T J Z D S E R E L Y S A N D E R M U M
V A D O K Y L Z N O H B S R E G G A T S A P D
S T M C E F I G E I A S C H E M I N G S L P V
L R O B R L S H N N E F A R I O U S W E E E G
A O D G N I T I R W Y A L P U L L D O S V R V
V M G L A I Q R V S P U S T C E K R R U O C M
I V O D R W J E J Y T M D S K G F A R M L L W
T T W G W B B W O Q L Q K B W N I Y O A E A O
S A G P E R P L E X I N G S R A Z D B P N S L
E C C I N S P I R A T I O N B O E O D H T S J
F Y Y X V N K T S P A K S T I Y R L E V E R C
L X C M R O N O I S S E R P X E W P G V U Z Z
```

INSPIRATION	YARD	THEORISTS
MALEVOLENT	METRICAL	UPPER-CLASS
STAGGERS	SCHEMING	PLAYWRITING
AMUSES	PRONUNCIATION	LYSANDER
GREEKS	MORTAL	EXPRESSION
PERPLEXING	BORROW	NEFARIOUS
LEONTES	CIPHERS	REVELRY
VERONA	ANGELO	FESTIVALS

Puzzle # 74

LEGACY	PAGEANTRY	AMBITION
SEVEN	BIOGRAPHER	THEATRICAL
MELANCHOLY	ADVENTUROUS	COMPOSTER
PUPPETRY	PROSPERO	SURREAL
EMBELLISH	ELOCUTION	BOTTOM
ANIMATED	PILGRIMS	APRON
STALWART	ENTAIL	STREETS
VENICE	MASTERMIND	ANTHOLOGIES

Puzzle # 75

IAMBIC	STRUCTURE	RHYTHMIC
FORESHADOW	THEATRE	NOBLEMEN
KINGDOM	JON	AVON
SHREW	DRAMATIZATION	MACHINATION
NURTURING	TRICKERY	REMEMBER
ADAPTED	PERFORMERS	SHAKESPEAREAN
WOLFISH	SERIALIZED	BALCONY
TURMOIL	FOREBODE	STUDIED

Puzzle # 76

VERSE	COLLAPSE	CANON
NONCORPOREAL	STREET	REVEAL
MYSTERY	POTION	THEMATIC
TRYST	ATTUNED	AGELESS
COMPLEXITY	CHIVALRY	MALICE
EMINENT	PLAYWRIGHTS	STANZA
VILLAINY	DECONSTRUCTED	WORKS
TEXTUAL	FOREBODE	DEFINITIVE

Puzzle # 77

```
E G D A Z W K B A L C O N Y Z L M P Y A P U B
M D E R T D H D S C H X U D H W J F V M G I J
O U Z T C D E H C R A E S E R S E R K K I U A
S Q I I R C O M P I L E V N J D Z W F M U Q N
L S L C I E G S H A K E S P E A R E A N T D A
E C A U B R N H U N P E N N A N T L T H K H L
R A U L A I I Z P F I S I Y R C I M I M U M Y
R G S A D X L H T U M A G F Y H T N T B U O Z
A G I T K I T O H R I D T B A S E X F O D C A
U N V E C L T Z X I P E T R I M W E F B B M T
Q I K Q V E E C V O E G A S E U S R F G M O I
B O L Z T M S C F U S O Y P J T D F G B S Z O
A G W W S N N X D S Q L N Y I F N A H X T M N
G N I Y L F U W W N A A I V N I M E O D T Z V
T O U H T R O W G N S T E Y W U L A S T U J O
D E R U C S B O A Y R A W O O D X U T M U H B
I Z D M G S S E R O T C C S S R D I L K V C L
P X A R N I O R P N Z I M Y N U K R Y T L D B
```

ENTERTAIN	PENNANT	OBSCURED
GHOSTLY	FESTIVE	SHAKESPEAREAN
FURIOUS	UNSETTLING	MIMICRY
ELIXIR	WORTH	QUARRELSOME
BALCONY	YORK	ANALYZATION
VISUALIZED	FLYING	COMPILE
ARTICULATE	ONGOING	WOOD
CATALOGED	ANALYSIS	RESEARCHED

Puzzle # 78

```
B Q D Z T R T L L U F R E T S A M D R G U X S
C A K V E I N V E N T I V E A N R X S R I O Y
V T N Z M J N Y W P J V O G W D C L O R Q R K
B M S M P Z H Q I F F E E R O W R U S U R P A
I Y M U H L V H W A V L Y E R L I A T T V B J
H L A I A K S Y Z I E G A H T H O C Y U L V M
W U R D T N W C T S E W D A H W T V Q E D P R
R S G N I B I A S Q R D R E A D L Q E C M O Z
E W O K C V C S W T U H A R N J K B O N E B R
K E T W T O F I L S C R M T U G I O N E L F Z
L A P E V M S X D I S E A P F C T E G S A H F
L Q Y E D R D E X L B X T R G I O M E S N A L
O O R F U M D O X J O X U E P R O P H E C Y B
V J C M W N S W I T T Y R C O C P G L T H L K
E P Q F U W K I N O U W G X X F S E H N O S Q
R X Z O S R K V T B H Q Y E B S I J D I L S I
A U B L V J I J E A J P A E D R T O A U Y X E
Q N U Z E U Q S E L R U B T A X D O T Q G V E
```

TUDOR	MELANCHOLY	QUINTESSENCE
PROPHECY	KINSHIP	ARIEL
OBSCURE	DREAD	DRAMATURGY
LOVER	WORTH	CRYPTOGRAMS
BURLESQUE	USURP	EVOCATIVE
WITTY	YARD	MASTERFUL
EXCERPT	INVENTIVE	LOVE
BOUNDED	EMPHATIC	AGELESS

Puzzle # 79

```
T Q D P E Y V W G O P O R A A N A I R O L G G
R S X E W M S L Z C V N G U S Y F T Q X F T E
A S E L C I N O R H C N Y X O Z V S D R N P B
I Y C Z M E G K W U D A F T R A U Y D E D D Y
L A F P O I G N A N T M L V Y R M V M I E U Q
S I E R B U S M O T J R A B W D V T G T P U Z
J T D C A T L H Y X U H W A S P C F Q U I W C
H Q E E U I J Y F S V U E Z O A Z H Y R C H Y
U I W D E B L L F E T L D N N J K A K X T I O
E I I E I D P Z O R N E R E C K B Y D X I M D
N E E M P A T H Y E L A R Y W G K S B P O S I
S W U G T D L J B N M S V Y G W S Z K H N I R
U Y T I N I F F A A T D E P H E M E R A L C A
I H K W Z A Z S Y D Y A M G O G R O D U T A C
U G X Y Y R C L I E H E O H Y M Y S X H O L A
P J E T A T O N N A K R U C L A I M A N T S D
M R T R A N S L A T E D D N I Z I L W Q A T W
E M A R F V I G V B B E T R A Y A L P K S A F
```

TUDOR	BETRAYAL	ANNOTATE
AFFINITY	GLORIANA	FRAIL
CLAIMANTS	WHIMSICAL	CHRONICLES
FLAWED	MYSTERY	LUHRMANN
DEPICTION	EPHEMERAL	POIGNANT
TRANSLATED	ENACTMENT	SERENADE
READS	TRAILS	QUIRKY
FRAME	EMPATHY	STUDIES

Puzzle # 80

RECITE	YARD	SCOTTISH
GOVERNANCE	APPRENTICE	SOLITUDE
AGES	REGAL	CHILDHOOD
POLONIUS	DEBATE	CHIVALROUS
ANECDOTE	SONNET	HUMAN
ACTORS	MYTHOLOGY	CONSTRAINED
FOREBODE	EDUCATED	AMPHITHEATRE
SUCCESSION	ALBANIAN	CONSULTING

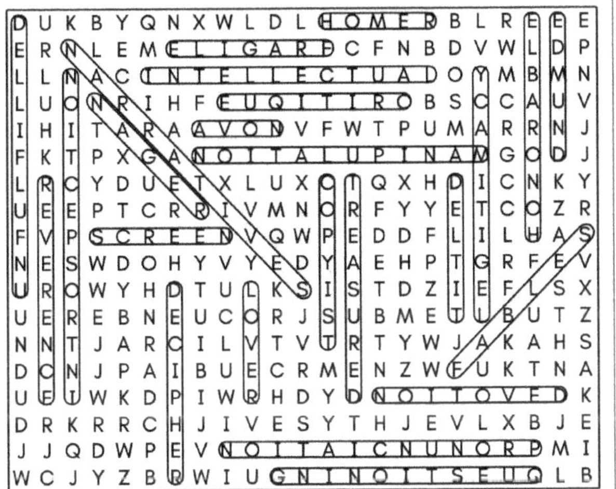

AVON · INTROSPECTION · COPYIST
EDMUND · FABLES · LOVER
QUESTIONING · REGAN · REVERENCE
UNFULFILLED · PRONUNCIATION · TITLED
HOMER · DEVOTION · TREASURED
SCREEN · MANIPULATION · LEGITIMACY
INTELLECTUAL · CRITIQUE · HONORABLE
FRAGILE · DECIPHER · NARRATIVES

ANNE · DESOLATION · AUTHORSHIP
FORESTED · AVON · BETROTHAL
HIDDEN · GOVERNANCE · LORD
SUCCESSION · WOLFISH · MODERNIZE
SOCIETAL · QUARTO · MURKY
POETICAL · THEME · ANNOTATE
TUMULT · EXEMPLIFIED · ISOLATION
AUTHENTICATE · SURREAL · DRAMATURGICAL

BUCOLIC · LOVE · FRAGILE
ANALYSIS · INFLUENCES · HUMOROUS
OPTIMISM · ANALYTICAL · EMERGING
FARCE · CALLIGRAPHY · AARON
SOURCES · ARIEL · UNEXPOSED
SUBORDINATE · DEPICTION · EMBRACE
SWEPT · AWARDED · SURROUND
RIVAL · LEND · REFERENCED

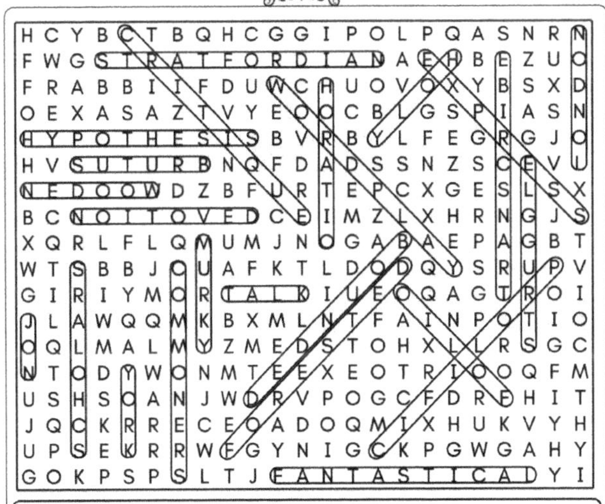

LONDON · WORDPLAY · STRATFORDIAN
DEVOTION · WOODEN · FANTASTICAL
TALK · FOLIO · STRUGGLE
HOLY · JON · HYPOTHESIS
YORK · COMMONERS · CRITIQUE
MURKY · TRANSCRIBE · EXPRESS
PROLIFIC · FORESTED · HORATIO
BOUNDED · BRUTUS · SCHOLARS

Puzzle # 5

HISTORIC	DISGUISE	RECURRING
ANALYSIS	TUDOR	CURSE
CODEX	INTENTIONS	COURT
VIRTUE	ANONYMOUS	DESPICABLE
CANNONS	RHYTHMIC	MYSTERIOUS
HIPPOLYTA	REPARTEE	VERONA
BRIEF	REFLECT	SLAPSTICK
WELSH	VILLAINY	ADAPTION

Puzzle # 6

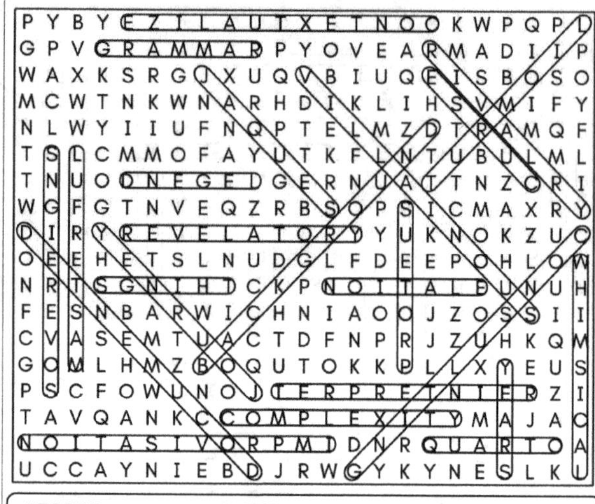

LEGEND	CURSE	JOURNEY
ELATION	REVELATORY	VILLAINOUS
QUARTO	PROTEUS	GRAMMAR
TURMOIL	DOCUMENTED	WHIMSICAL
YEARS	RIVALRY	THINGS
SOVEREIGNS	COMPLEXITY	MASTERFUL
BACKGROUND	REINTERPRET	IMPROVISATION
JAQUES	CONTEXTUALIZE	CONSULTING

Puzzle # 7

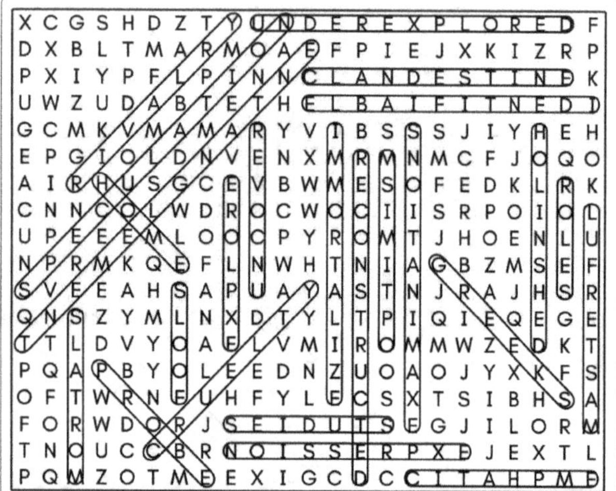

IMMORTALIZE	FOOLS	UNCOVER
MORTALS	HOME	CLANDESTINE
UNDEREXPLORED	PROBE	HOLINSHED
RIVALRY	EXPRESSION	STUDIES
GREEKS	MASTERFUL	IDENTIFIABLE
RECONSTRUCTED	ROLES	OPTIMISM
EMPHATIC	EXAMINATIONS	ENTANGLEMENT
SPECULATION	CRUELTY	EXPLORE

Puzzle # 8

IAMBIC	ENACTMENT	VELLUM
TENURES	CELEBRATED	WORKS
ARCHIVAL	REVIEWED	FABLES
PROSPERO	STRATFORDIAN	THUS
HEROICS	ETERNITY	FEAR
HERITAGE	FESTIVE	STANZA
DEPTH	REFINED	MASK
TRANSCRIPTION	EPITOMIZE	EMINENT

Puzzle # 9

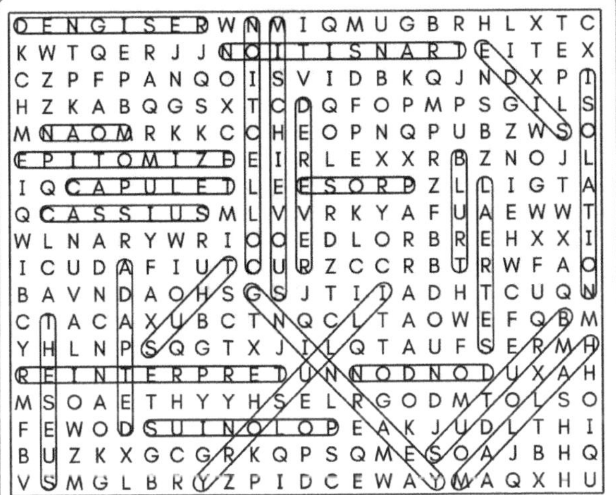

LONDON	CAPULET	BLURT
THESEUS	PROSE	YEARNING
LAERTES	MISCHIEVOUS	ISOLATION
ILLUSORY	RESIGNED	SIDE
BRUTUS	TRANSITION	REVERED
ADAPTED	POLONIUS	COLLECTION
EPITOMIZE	REINTERPRET	MOAN
HALLAM	CASSIUS	THUS

Puzzle # 10

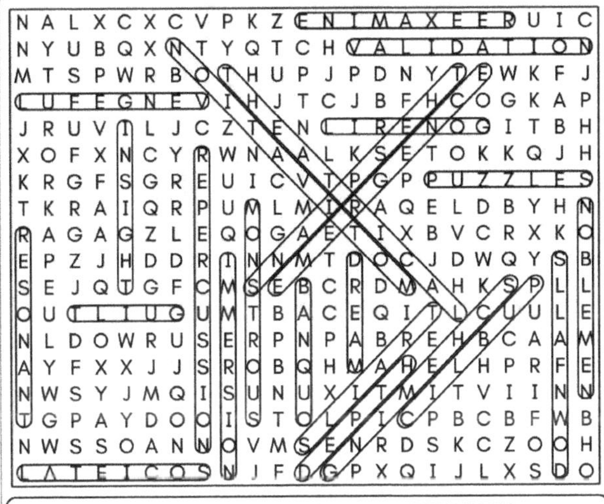

IMMERSION	THEATRICAL	RESONANT
PUZZLES	EMERGENCE	NOBLEMEN
DEPTH	GONERIL	SOCIETAL
DREAM	INSIGHT	SCHEMING
REPERCUSSION	GUILT	MOTIVATION
MONSTROUS	THESPIANS	VENGEFUL
DOWNFALLS	TRAILS	PUBLIC
REEXAMINE	BANQUO	VALIDATION

Puzzle # 11

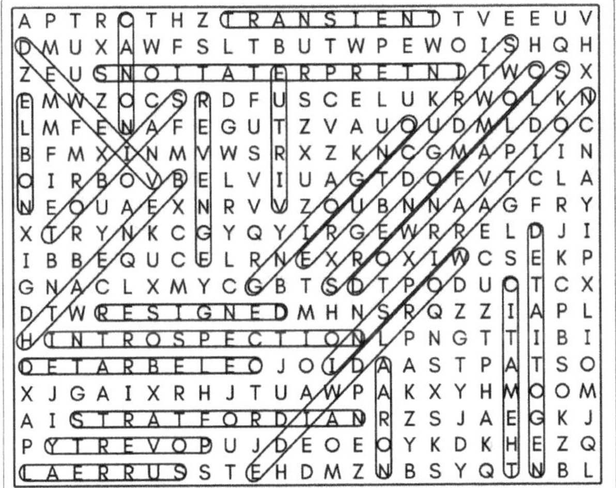

INSPIRATION	NOBLE	STRATFORDIAN
SURREAL	THEMATIC	VIRTUE
TOBIAS	AARON	CELEBRATED
INTROSPECTION	POVERTY	VIEWED
STRUCTURE	NEGOTIATED	BENEATH
ONGOING	COMMONERS	TRANSIENT
RESIGNED	WORLDWIDE	REVENGE
CANON	DOWNFALLS	INTERPRETATIONS

Puzzle # 12

ELOQUENT	STREETS	HUBRIS
DYNASTY	SIBLING	SPECTACLE
VOCAL	AGES	NASCENT
FLAG	SOLILOQUY	HAUNTING
METAPHOR	COSTUMES	ANGUISH
RELEVANCE	SOCIETAL	HAMLET
ARDENT	STUDIED	ALLEGORY
TYBALT	NUPTIAL	CONTEXTUAL

Puzzle # 13

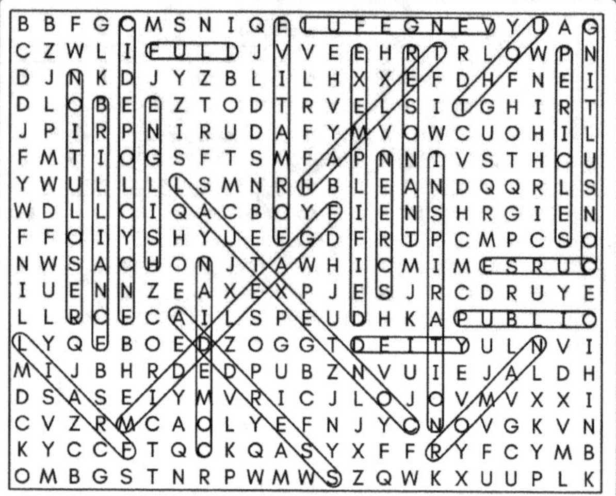

COMEDIAN	DEITY	FRAIL
RESONANT	INSPIRATION	PUBLIC
THOU	SCREEN	FORMATIVE
FULL	ADDRESS	EXEMPLIFIED
BRILLIANCE	HAMLET	VENGEFUL
CONSULTING	ROMAN	CURSE
MIDDLE-AGE	ENCYCLOPEDIC	ENGLISH
RESOLUTION	PERICLES	CONTEXTUAL

Puzzle # 14

HISTORIC	REBUILD	FAMILIAL
LEGS	NURTURING	AMBITION
STRATEGY	INTERPRET	SCENES
GUILT	TEMPORAL	DEPTH
EMULATE	FATES	ANNOTATE
BACKGROUND	DEPICTION	DESOLATION
ACADEMIC	REGAN	NOBILITY
DECEPTION	MORE	AWARDED

Puzzle # 15

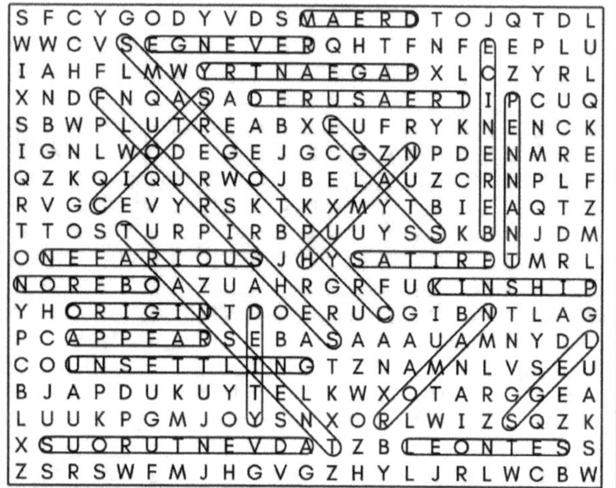

KINSHIP	PENNANT	TRANSIENT
HUMAN	FLOURISHES	DREAM
ORIGIN	APPEAR	ROMAN
SATIRE	BERENICE	UNSETTLING
DEITY	REVENGE	ADVENTUROUS
CRYPTOGRAMS	PAGEANTRY	STOIC
LEGS	LEONTES	STAGE
NEFARIOUS	TREASURED	OBERON

Puzzle # 16

LEGEND	VERONA	HUMAN
CINEMATIC	GROUNDLINGS	NEGOTIATED
ANALYTICAL	TRAILS	COURT
BOUNDED	CRYPTIC	PRESERVED
AMBITION	TALK	EDMUND
VALIDATION	PORTIA	RESILIENCE
YOUNG	REFINED	STUDY
CONTEXTUALIZE	COURTLY	EXAMINATIONS

Puzzle # 17

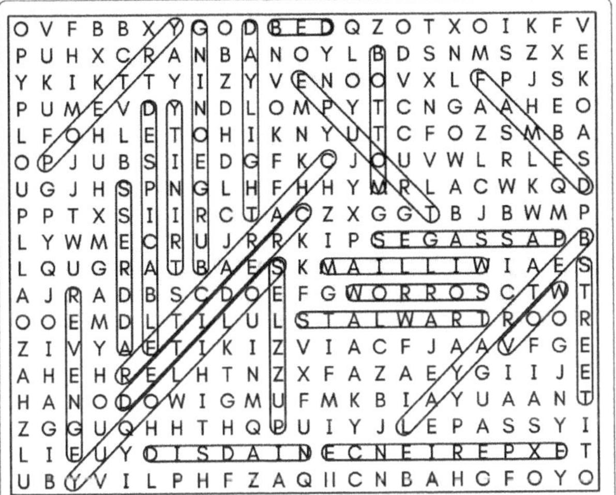

STREET	DAYLIGHT	CHARACTER
CREDITED	TRINITY	BETRAYAL
SOLILOQUY	BED	POETRY
REVENGE	ADDRESS	FAMED
WILLIAM	SORROW	VOW
PUZZLES	BURGEONING	BOTTOM
PASSAGES	DESPICABLE	TROUPE
STALWART	EXPERIENCE	DISDAIN

Puzzle # 18

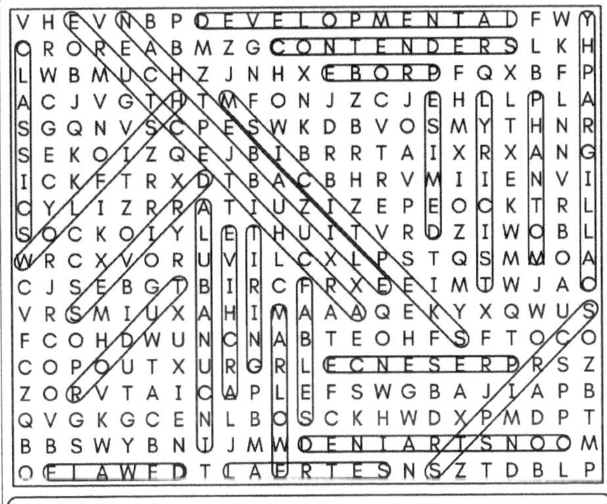

ELIZABETHAN	ARCHITECTURE	INCUNABULA
WOLFISH	LYRICIST	DEMISE
ARCHIVE	DRIVES	TUDOR
FLAWED	MARLOWE	PHANTOM
SCRIPTS	CONSTRAINED	SKEPTICISM
PRESENCE	FABLES	DEVELOPMENTAL
CONTENDERS	PROBE	TIRING
CALLIGRAPHY	LAERTES	CLASSICS

Puzzle # 19

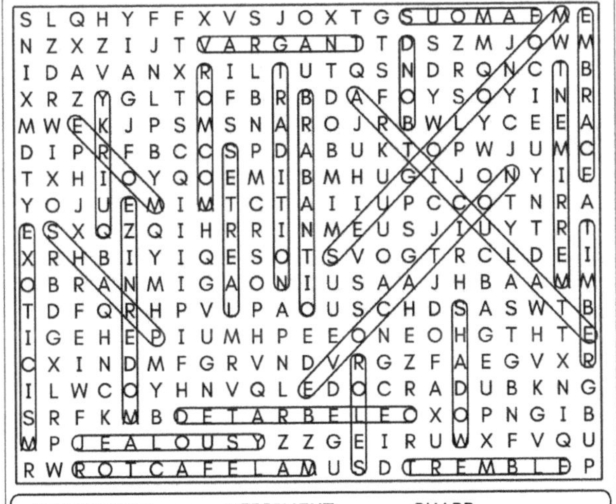

CELEBRATED	MERRIMENT	SHARP
FAMOUS	TRADITION	JEALOUSY
LAERTES	MONOLOGUES	TIMBER
EMBRACE	SHADOW	ARTICULATE
ROLES	BOND	TREMBLE
BRABANTIO	QUIRKY	EXOTICISM
VARGANT	MALEFACTOR	ROM-COM
MORE	EVOCATION	MODERNIZE

Puzzle # 20

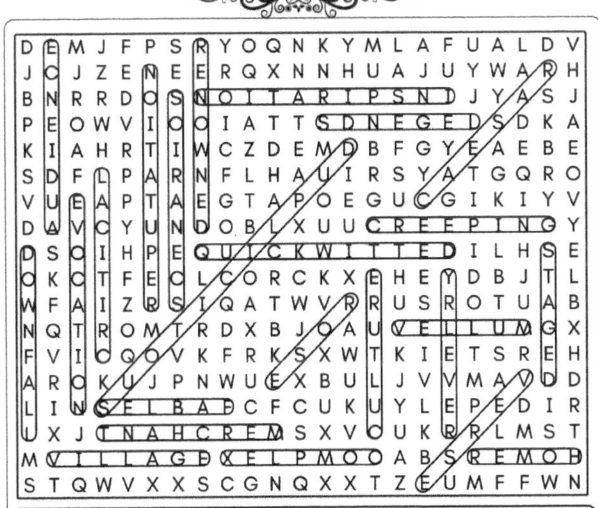

VERSE	SCENARIOS	MERCHANT
EVOCATION	INSPIRATION	FABLES
QUICK-WITTED	COMPLEX	VILLAGE
LEGENDS	CAESAR	DUPLICITOUS
ROSE	HOMER	DOWNFALL
STAGED	RENOWNED	REVELRY
VELLUM	CULTURE	REPUTATION
AUDIENCE	CREEPING	CRITICAL

Puzzle # 21

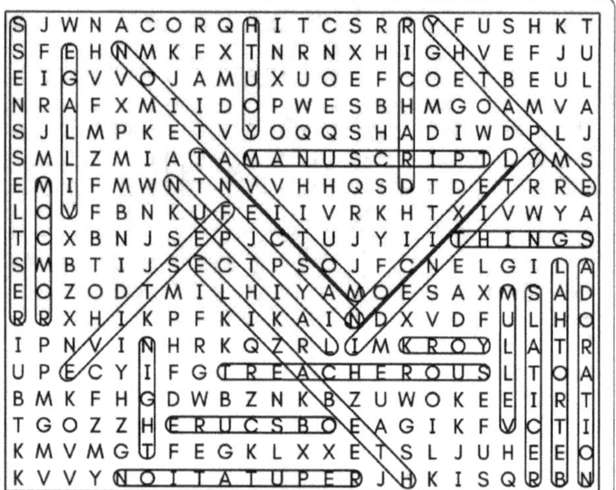

ELIZABETH	NIGHT	YORK
EMPATHY	VILLAGE	IDENTITY
MANUSCRIPT	MOTIVATION	YOUTH
ROM-COM	VELLUM	RESTLESSNESS
NASCENT	BETROTHAL	OBSCURE
TREACHEROUS	REPUTATION	NUPTIAL
THINGS	LEXICON	FESTIVE
RICHARD	ADORATION	RECITALS

Puzzle # 22

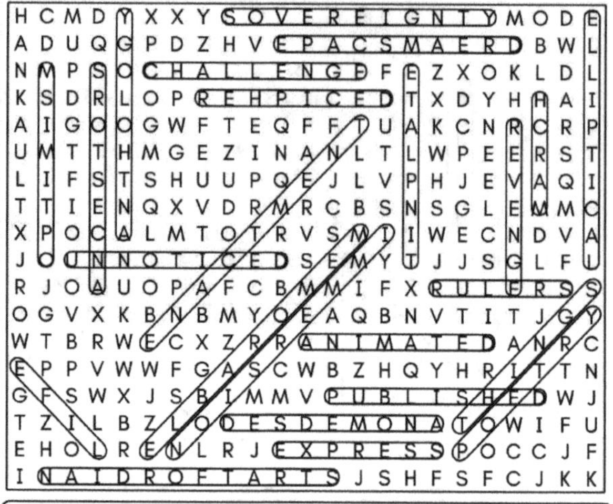

IMMERSION	DESDEMONA	OPTIMISM
CHALLENGE	POETRY	REVENGE
ANTHOLOGY	DECIPHER	ELLIPTICAL
MEMORABLE	STRATFORDIAN	DREAMSCAPE
ANCESTORS	EXPRESS	UNNOTICED
RULERS	ENACTMENT	SOVEREIGNTY
THINGS	ANIMATED	TINPLATE
LIFE	MARCH	PUBLISHED

Puzzle # 23

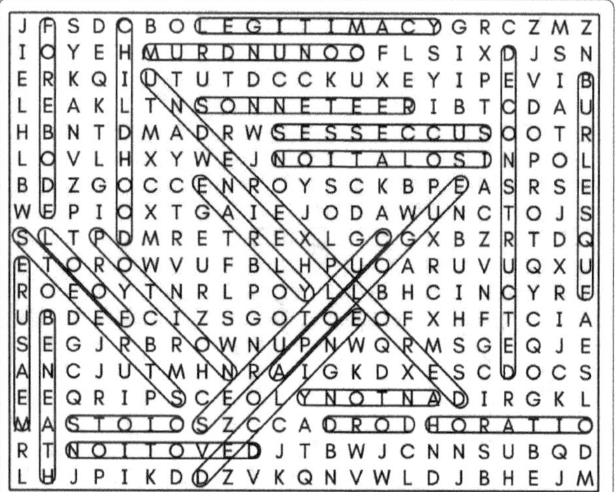

SONNETEER	FOOL	LEGITIMACY
SUCCESSES	CHILDHOOD	MEASURE
DECLINE	FOREBODE	EARLY
ANTONY	UNDEREXPLORED	CONUNDRUM
LORD	ISOLATION	APOLOGUE
POTION	STREETS	STOIC
HORATIO	CULTURES	BURLESQUE
DEVOTION	BENEATH	DECONSTRUCTED

Puzzle # 24

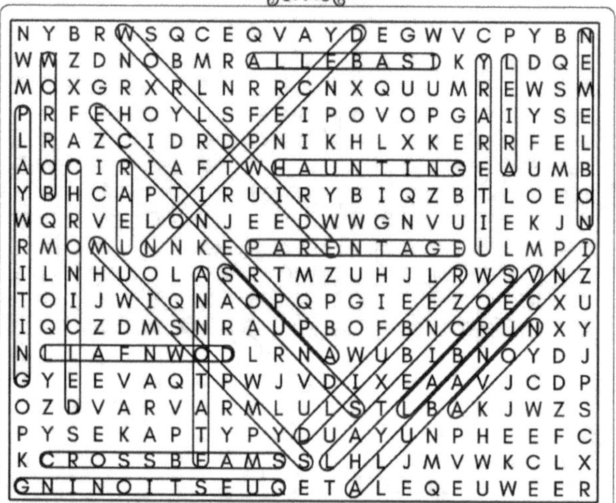

LITERARY	PLAYWRITING	DOWNFALL
QUESTIONING	APPRENTICE	BORROW
ARIEL	SOUNDS	AVON
CROSS-BEAMS	DECEPTION	HAUNTING
PARENTAGE	NOBLEMEN	INCUNABULA
ISABELLA	SOCIETAL	REBUILD
ANNOTATE	WORLDWIDE	VERBAL
LEAR	CHRONICLED	SYMPOSIUM

Puzzle # 25

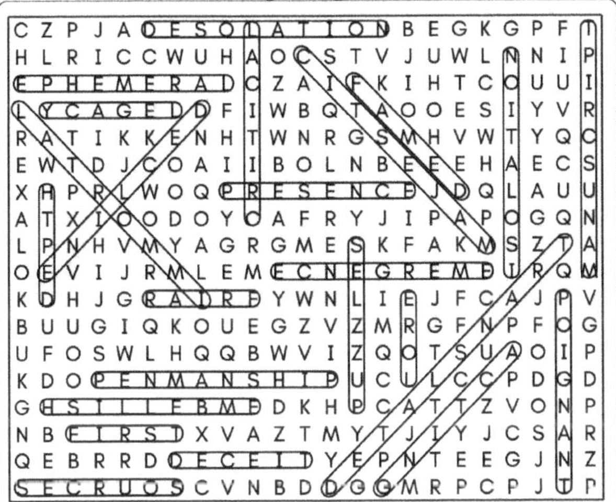

IMMORTAL	SOURCES	FRIAR
FAMED	LEGACY	EMBELLISH
DECLINE	DEPTH	LORE
ISOLATION	MANUSCRIPT	PRESENCE
ACTING	DECEIT	PENMANSHIP
PUZZLES	FIRST	DESOLATION
MAJESTIC	TRANSLATED	EMERGENCE
EPHEMERAL	POIGNANT	CRITICAL

Puzzle # 26

TRAGEDIAN	COSTUME	BEAUTY
TONAL	ELOQUENT	COMMONERS
EPHEMERAL	INVESTIGATION	SCRIPT
TWELFTH	LIKE	ELUSIVE
POPULARITY	LAUGHTER	EXPERIENCE
REGAN	CELEBRATED	RESOLUTE
QUESTIONING	WHIMSICAL	COMMUNAL
STOIC	HALLAM	TRICKY

Puzzle # 27

ELOQUENT	LAUGHTER	FLEETING
CADENCE	POPULARITY	GUILT
TRANSIENT	ARCHETYPE	MYTHOLOGY
MEMORABLE	MIMIC	FORESHADOW
SOURCES	SELF-ANALYSIS	QUARTO
CRYPTIC	SOVEREIGN	DISCORD
TIMENESS	IDYLL	HOUSE
MASTERFUL	RARELY	POSTMODERN

Puzzle # 28

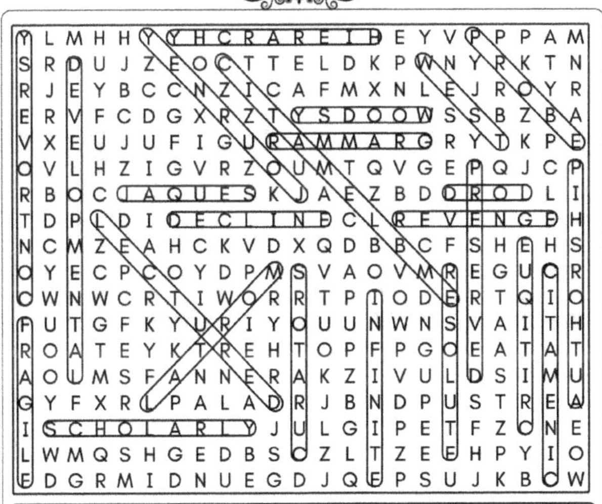

GRAMMAR	JAQUES	INFINITE
PROBE	LORD	JOURNEY
WOODSY	PRESERVED	REVENGE
DECLINE	HIERARCHY	SCHOLARLY
MORTAL	DEVELOPMENTAL	WEST
CURATORS	RESOLUTE	AUTHORSHIP
CINEMATIC	EMBLEMATIC	FRAGILE
CONTROVERSY	CRITIQUE	LECTURED

Puzzle # 29

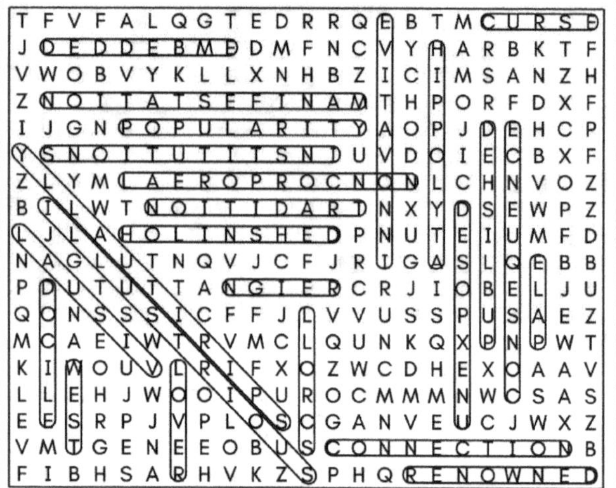

RENOWNED	CONSEQUENCE	ILLUSTRIOUS
HIPPOLYTA	POPULARITY	LOVER
MANIFESTATION	WEST	INNOVATIVE
REIGN	SPIRITUALLY	VISUAL
HOLINSHED	SCROLL	PALE
EMBEDDED	TRADITION	DOCILE
NONCORPOREAL	INSTITUTIONS	CURSE
UNEXPOSED	CONNECTION	PUBLISHED

Puzzle # 30

DRAMA	COMIC	FAMILIAL
RESILIENCE	COLLABORATIVE	CORDELIA
DEBATE	TREACHEROUS	REPUTABLE
DECEIT	THEORIES	FANTASTICAL
BIBLE	FATE	CONCEALED
RESONANCE	WIVES	BRUTUS
SWEPT	EXAMINED	ENTANGLEMENT
RHYTHMIC	MOVE	LECTURED

Puzzle # 31

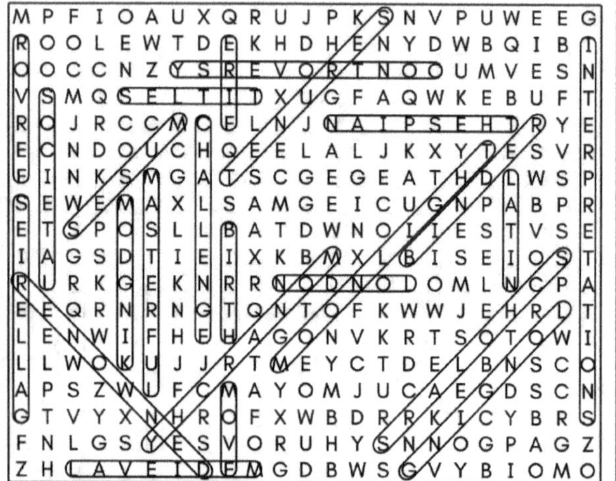

LONDON	FIRE	BIRTH
CHALLENGE	THESPIAN	LONGING
BINDER	MOONLIGHT	LATIN
MONARCHY	CONTROVERSY	TENURES
RENOWNED	KINGDOM	MUSES
TITLES	SOCIETAL	MEDIEVAL
MOVE	INTERPRETATIONS	GALLERIES
MASTERFUL	FERVOR	SCHOLARS

Puzzle # 32

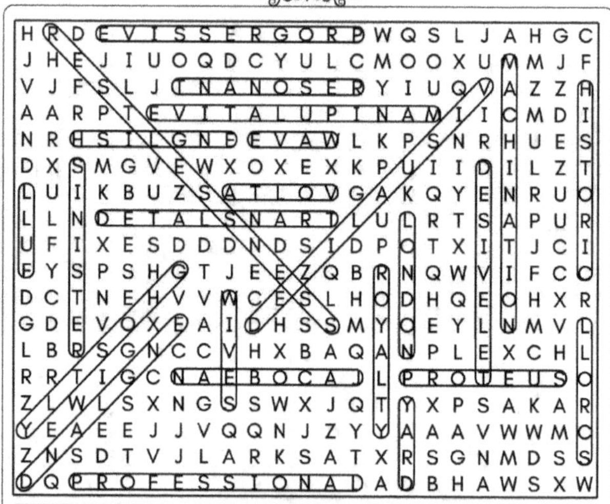

ENGLAND	PROFESSIONAL	WAVE
PROTEUS	LONDON	YARD
VOLTA	SINISTER	HISTORIC
FULL	RESONANT	MACHINATION
ROYALTY	WIVES	RESTLESSNESS
VISUALIZED	JACOBEAN	MANIPULATIVE
GHOSTLY	TRANSLATED	ENGLISH
SCROLL	PROGRESSIVE	TELEVISED

Puzzle # 33

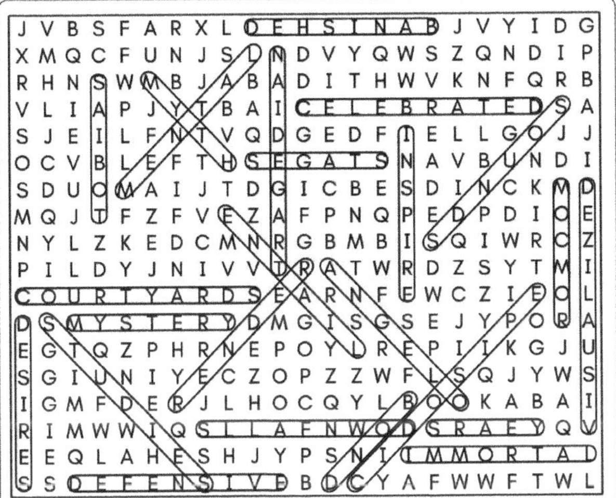

TRAGEDIAN	EPISODIC	BANISHED
DOWNFALLS	IMMORTAL	RENDER
STAGES	DESIRES	MENTAL
INSPIRE	MYSTERY	ANGELO
YEARS	COURTYARDS	TOBIAS
VISUALIZED	MYTH	ROM-COM
SOUNDS	STUDIES	CELEBRATED
BOND	DEFENSIVE	ENTAIL

Puzzle # 34

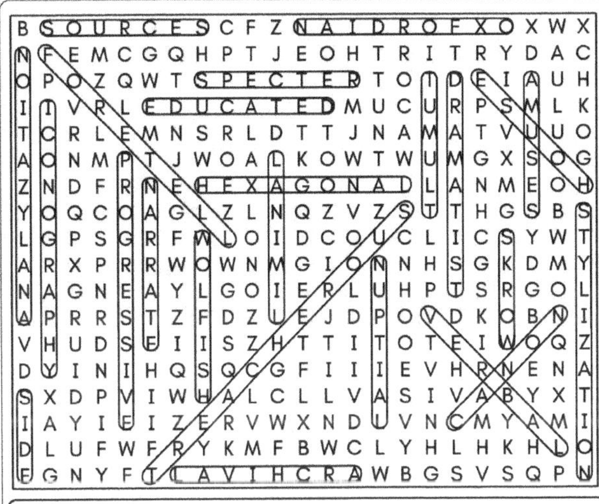

DRAMATIST	HEXAGONAL	CANON
TUMULT	NARRATE	WORKS
OXFORDIAN	PROGRESSIVE	VERBAL
AMUSES	WOLFISH	TREACHEROUS
SOURCES	NUPTIAL	ANALYZATION
SIDE	ICONOGRAPHY	LIMINAL
SPECTER	STYLIZATION	HOUSE
ARCHIVAL	FORETELL	EDUCATED

Puzzle # 35

ELOQUENT	ANGUISH	ENGRAVE
MANIFESTATION	VILLAGE	YEARNING
CHRONICLED	SURREAL	FAMILY
DEVOTION	STRATFORDIAN	WORDPLAY
NURTURING	RIVAL	ALARBUS
UNVEIL	DRAMATIC	STANZA
AMOROUS	ALBANIAN	HOUSE
OLD-AGE	CHERISHED	CRITICAL

Puzzle # 36

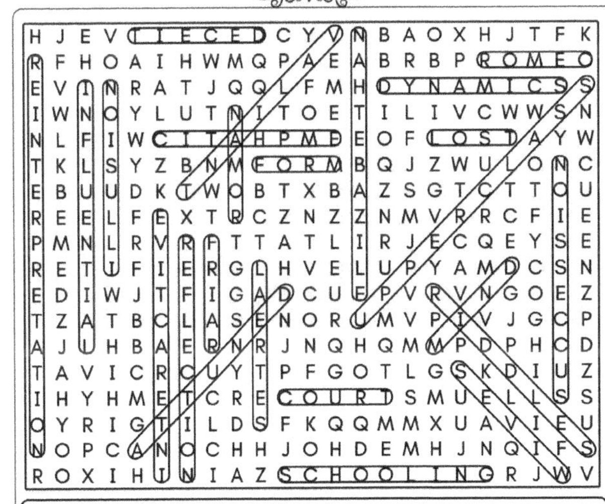

ELIZABETHAN	UPPER-CLASS	FRIAR
EMPHATIC	INFLUENTIAL	WIVES
SUCCESSION	DYNAMICS	SCHOOLING
LOST	LAERTES	RIDDLES
ROMAN	ROMEO	MIND
ILLUSION	REFLECTION	DECEIT
FORM	REINTERPRETATION	COURT
VALIANT	ATTUNED	INTERACTIVE

Puzzle # 37

CHILDHOOD	PLANTAGENET	MIND
MOONLIGHT	ROSE	PORTRAYAL
DIALOGUE	PERPLEXING	ELOQUENCE
DEBATE	AMBIGUITIES	MORTALS
AMUSES	CIRCUMSTANTIAL	VILE
TITLES	JULIET	REEXAMINE
MACHINATION	SCHOLARLY	METAPHYSICAL
POVERTY	DUPLICITOUS	HERITAGE

Puzzle # 38

GLORIANA	PROP	EDITION
FOREWARNING	BUDDING	COSTUMES
CONTESTED	GONERIL	ARTHURIAN
FOOLS	CONCEALED	DESPICABLE
COMMUNAL	VOCAL	ILLUSTRIOUS
SCREEN	PLAYHOUSE	CONTEMPLATE
REVERED	INTERPRETATIVE	HOUSE
YEARNING	ANALYSIS	DISCUSSION

Puzzle # 39

BARD	CUNNING	HYPOTHESIS
TITLES	REVELATORY	VALOR
THRIFT	TRANSLATED	ROYALTY
ARDENT	ENDURES	REINTERPRET
APPRENTICE	FRAGILE	FRAGILITY
MODERNIZE	ARCHITECTURE	EDITION
GRAVE	RECITALS	BOTTOM
CIPHER	SECONDARY	EDUCATED

Puzzle # 40

PROSE	ARIEL	ILLUSORY
CHERISHED	COLLABORATIVE	SHYLOCK
TOME	ANALYTICAL	ADO
BRAVE	BINDER	DECIPHER
ROMANTIC	STOIC	ADVENTUROUS
LYSANDER	JULIET	EPHEMERAL
WORTH	MISCHIEVOUS	SOLITUDE
RIVAL	TRUEST	RESCRIPTED

Puzzle # 41

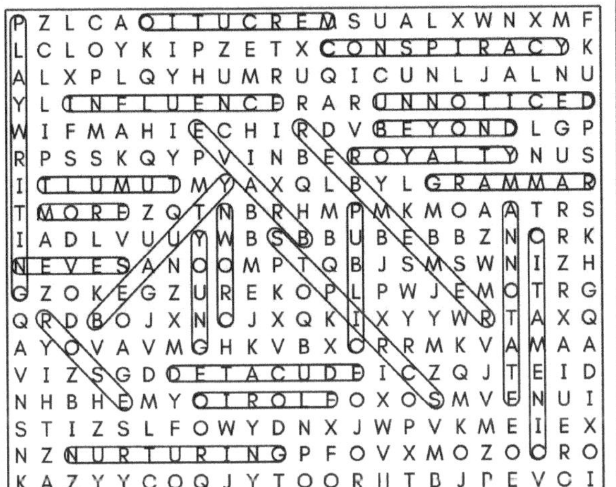

INFLUENCE	PLAYWRITING	CROWN
REMEMBER	ROYALTY	PUBLIC
SEVEN	BEYOND	GRAMMAR
CONSPIRACY	ANNOTATE	TUMULT
NURTURING	MERCUTIO	FLORIO
YOUNG	ROSE	BRAVE
UNNOTICED	CINEMATIC	SCRIPTS
BEAUTY	MORE	EDUCATED

Puzzle # 42

IMMORTALIZE	SYMBOL	LEGITIMACY
SPECTRAL	REPUTATION	MEMORABLE
TRANSIENT	RESTLESSNESS	EPIC
REVEAL	MANUSCRIPT	QUARRELSOME
PILGRIMS	BOND	QUILL
CONSORT	JESTER	BANISHED
DISCOURSE	POETICAL	PANTOMIME
MONARCHY	EXCERPTS	ADAPTION

Puzzle # 43

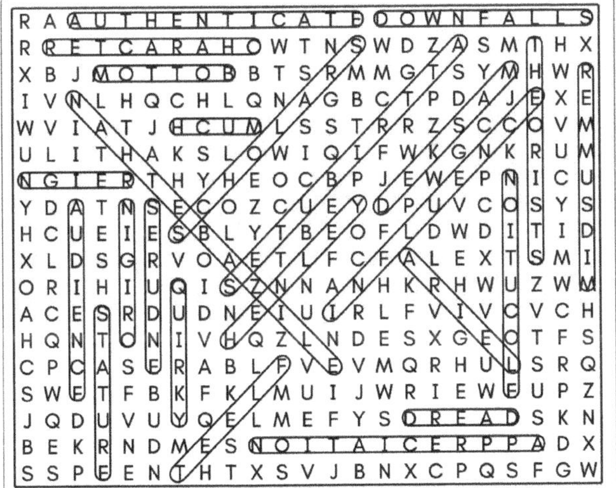

ELIZABETHAN	MIDSUMMER	FLEET
ENDURES	INFLUENCE	MUCH
REIGN	ATTRIBUTES	HENLEY
QUIRKY	AUTHENTICATE	DOWNFALLS
MASKED	ARIEL	ORIGIN
DREAD	ELOCUTION	BOTTOM
THEORISTS	STATURE	AUDIENCE
CHARACTER	APPRECIATION	SCHOLARS

Puzzle # 44

RENAISSANCE	CANNONS	BEAUTY
INTELLECTUAL	FOUNDATION	FOOL
MONOLOGUE	BAZ	ACCLAIMED
FROLIC	REVEAL	LUHRMANN
PLAYWRIGHTS	ROMEO	ORIGIN
INSTITUTIONS	COSTUME	FATAL
EXCLAMATION	FESTIVALS	BALCONY
THOU	FAMED	THESIS

Puzzle # 45

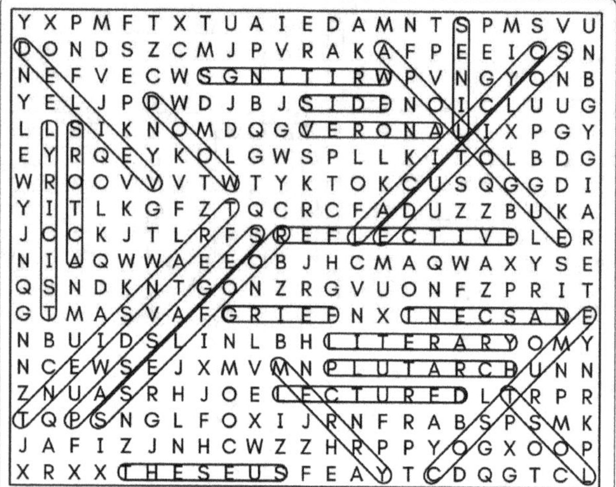

LYRICIST	WOOD	VERONA
APOLOGUE	LITERARY	MERRY
CYCLICAL	LINES	NASCENT
LOST	PASSAGES	THESEUS
PLUTARCH	GRIEF	TRANSIENT
ACTORS	COSTUME	SOLITUDE
WRITINGS	SIDE	ROOFLESS
REFLECTIVE	VEILED	LECTURED

Puzzle # 46

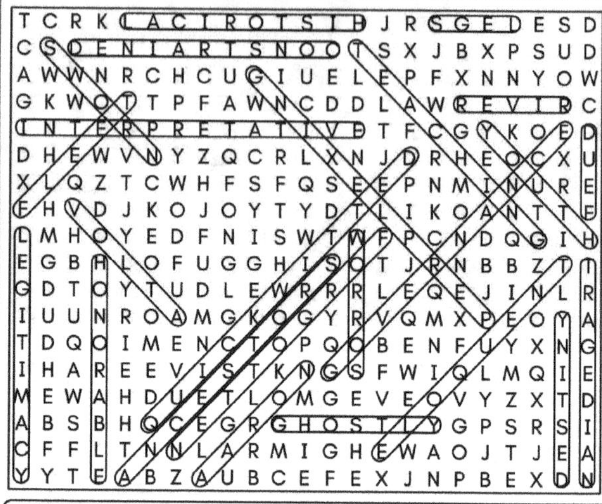

TRAGEDIAN	QUICK-WITTED	SWORN
GHOSTLY	ELOQUENT	SORROW
FLEET	AARON	RIVER
HONORABLE	LEGITIMACY	PERPLEXING
YOUTH	CONSTRAINED	FORGOTTEN
GOVERNANCE	HISTORICAL	FEUD
LEGS	INTERPRETATIVE	ANCESTORS
DESTINY	VOLTA	TEACHING

Puzzle # 47

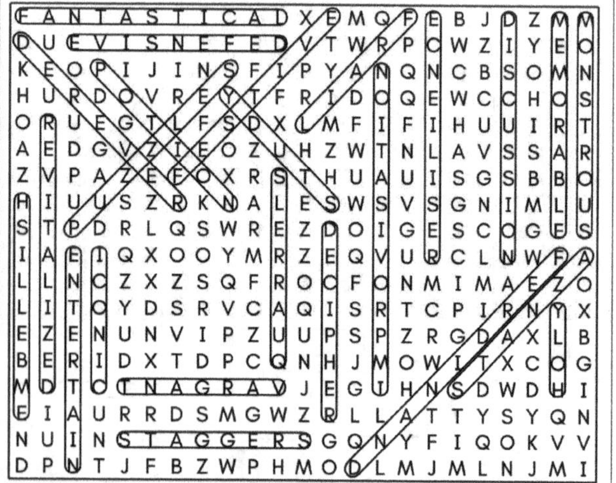

HOLY	FRAIL	DEFENSIVE
MONSTROUS	EMBELLISH	ICONIC
VARGANT	POTION	ENTERTAIN
MEMORABLE	REVERED	QUARRELS
FESTIVE	STUDY	RESILIENCE
FANTASTICAL	IMPROVISATION	STANZA
PUZZLES	REVITALIZED	FERDINAND
STAGGERS	DECIPHER	DISCUSSION

Puzzle # 48

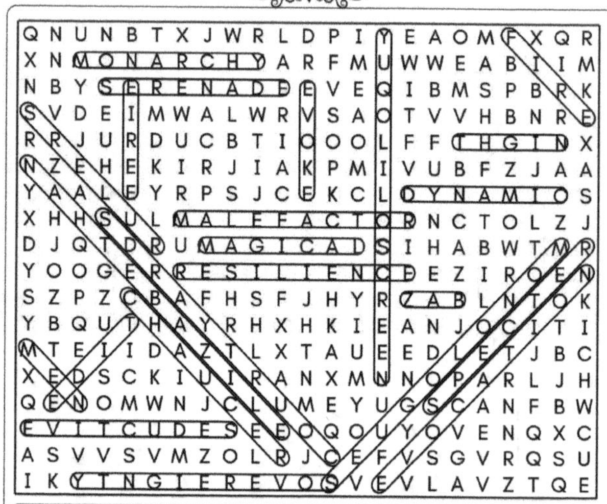

ELIZABETHAN	NIGHT	EDIT
MALEFACTOR	MEN	SEDUCTIVE
EVOCATION	MAGICAL	CHAUCER
SOLILOQUY	MONOLOGUES	RULERS
EVOKE	SERENADE	RESILIENCE
SCREEN	COURTYARDS	MONARCHY
SPECTER	BAZ	FIRE
SOVEREIGNTY	EERIE	DYNAMIC

Puzzle # 49

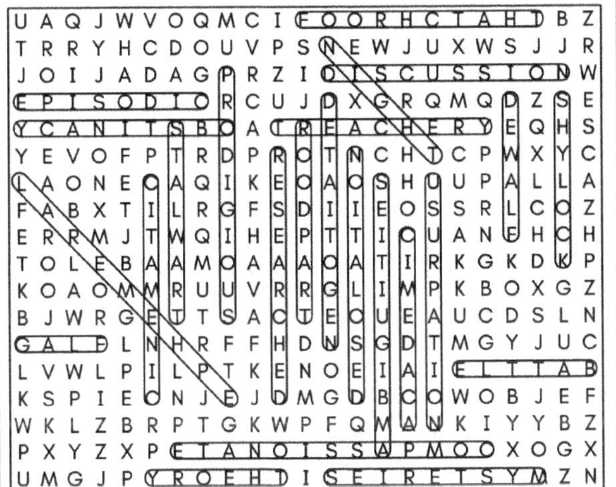

EPISODIC	DESOLATION	NEGOTIATED
OBSTINACY	TRAPDOOR	SHYLOCK
USURPATION	MYSTERIES	FLAG
STALWART	ACADEMIC	AMBIGUITIES
THATCH-ROOF	FLAWED	THEORY
CINEMATIC	NIGHT	EPHEMERAL
PRODIGIOUS	DISCUSSION	TREACHERY
BATTLE	COMPASSIONATE	RESEARCHED

Puzzle # 50

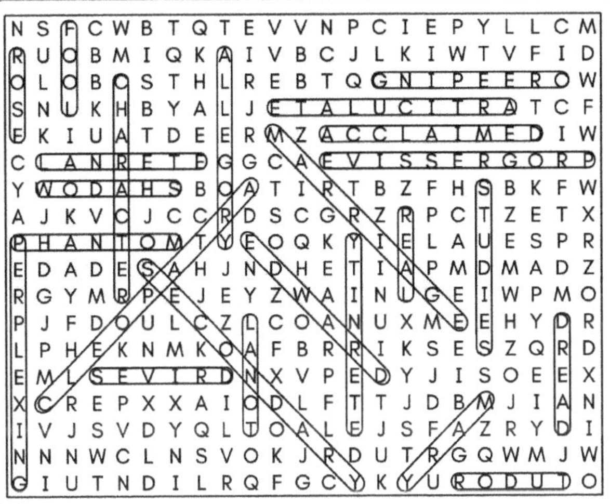

TUDOR	FOOL	SHADOW
DREAD	MARY	CLEOPATRA
CREEPING	SECONDARY	MARRIAGE
CHARACTER	TONAL	PROGRESSIVE
ROSE	ETERNITY	ARTICULATE
PERPLEXING	ACCLAIMED	ETERNAL
DRIVES	EDWARD	ALLEGORY
REAL	PHANTOM	STUDIES

Puzzle # 51

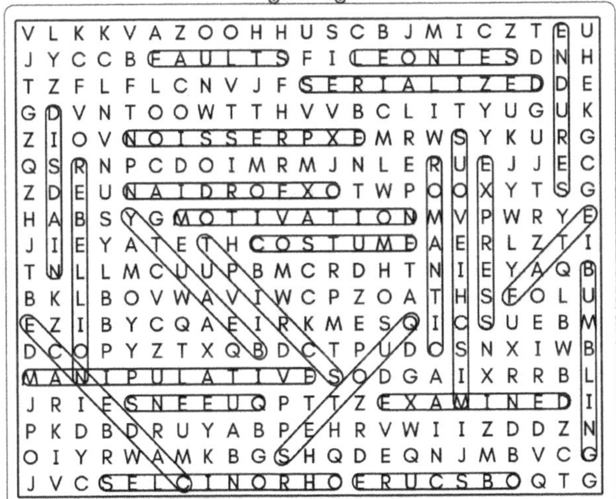

SCRIPT	BEAUTY	CADENCE
BUMBLING	CHRONICLES	EXPRESS
QUOTES	DISDAIN	COSTUME
REBELLION	EXPRESSION	MISCHIEVOUS
ROMANTIC	OXFORDIAN	FAULTS
QUEENS	FATE	OBSCURE
MOTIVATION	SERIALIZED	MANIPULATIVE
ENDURES	LEONTES	EXAMINED

Puzzle # 52

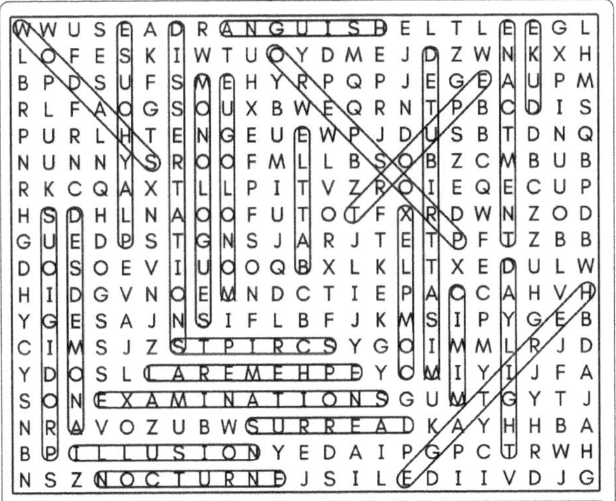

SCRIPTS	DESDEMONA	BATTLE
SURREAL	TROUPE	PROSPERO
MIMIC	COMPLEX	ENACTMENT
EPHEMERAL	MISATTRIBUTED	ILLUSION
PLAYHOUSE	MONOLOGUE	PRODIGIOUS
HERITAGE	DAYLIGHT	ANGUISH
SHADOW	DISSERTATIONS	DUKE
NOCTURNE	MONOLOGUES	EXAMINATIONS

Puzzle # 53

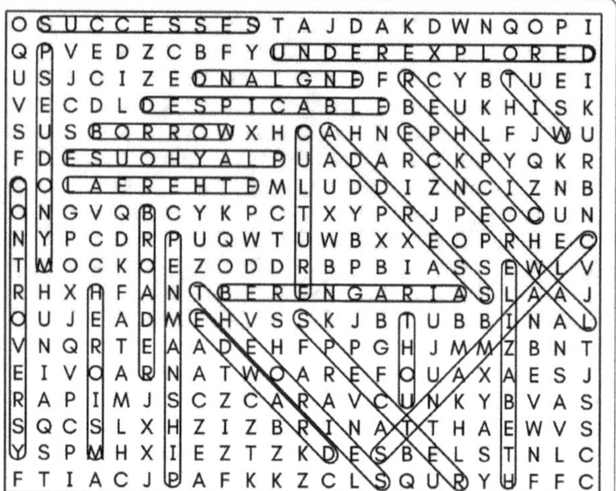

ENGLAND	HEROISM	CLAIMANTS
BORROW	SPECTER	THEORIES
WIT	DESPICABLE	BROADER
ADDRESS	BERENGARIA	UNDEREXPLORED
PSEUDONYM	ELIZABETH	SUCCESSES
CONTROVERSY	PLAYHOUSE	ETHEREAL
CIPHER	THOU	EDWARD
PENMANSHIP	LAWRENCE	CULTURE

Puzzle # 54

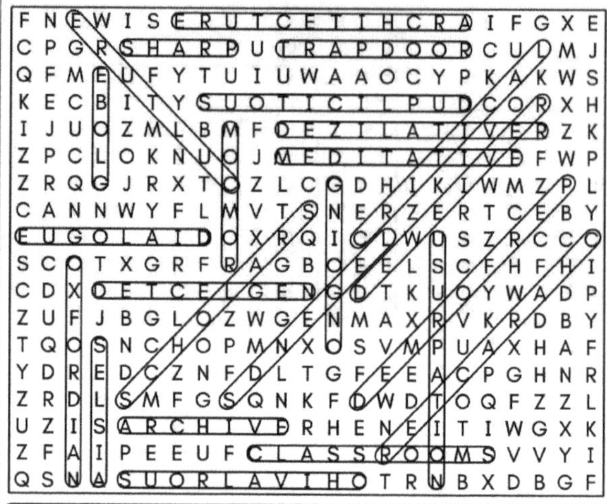

PERFORMED	ROM-COM	NEGLECTED
REVITALIZED	GLOBE	CHARACTER
SHARP	ONGOING	LEGENDS
MEDITATIVE	DIALOGUE	CULTURE
TRAPDOOR	USURPATION	DUPLICITOUS
CLASSROOMS	ARCHITECTURE	ARCHIVE
CHIVALROUS	SCHOLARS	AISLES
OXFORDIAN	REVIEWED	CRITICAL

Puzzle # 55

TRAGEDIAN	MIDSUMMER	PASSAGES
LINES	COMEDIAN	ENTANGLEMENT
ANTHOLOGY	CHERISHED	SCHOOLING
FARCE	BARTHOLOMEW	CONTEXT
GLOVE	ANTONY	HALLAM
SINISTER	COLLABORATIVE	BETROTHAL
EXCESS	WOODLAND	ELLIPTICAL
NEGOTIATED	DISCOURSE	EVALUATION

Puzzle # 56

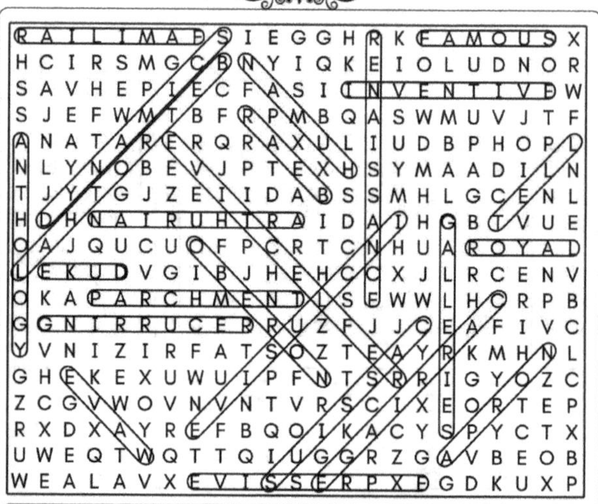

RENAISSANCE	DUKE	WAVE
FAMILIAR	EXPRESSIVE	REFLECTIVE
TELL	INVENTIVE	ARTHURIAN
BETROTHAL	BEAR	INCLUSIVE
GALLERIES	RECURRING	FAMOUS
CASSIUS	CARRIAGE	PARCHMENT
DYNAMICS	OBERON	APRON
ANTHOLOGY	HUMAN	ROYAL

Puzzle # 57

EDUCATION	FLAG	THRONE
SURREAL	PRODUCTIVE	FIRE
CONQUEROR	AARON	LEGENDS
BRUTUS	PRESERVE	HIPPOLYTA
HISTORY	STRUGGLE	DEFENSIVE
MARGARET	ICONOGRAPHY	CHARACTER
DYNAMICS	GALLANTLY	DEPICTION
VENGEFUL	DESIRES	ANTHOLOGIES

Puzzle # 58

NARRATE	CLEOPATRA	CREEPING
FAIRIES	FIRST	AMBITION
CADENCE	COMPELLING	PERFORMED
BATTLE	VILLAINY	TEACHING
ELOQUENCE	ATTRIBUTED	EPITOMIZE
PERSPECTIVES	HOMER	VEILED
MANIFESTATION	RECONSTRUCTED	PERFORMANCE
PARTING	FORETELL	EXAMINATIONS

Puzzle # 59

DRAMATIST	ANTICIPATION	DOCILE
MANIFESTATION	RIVER	FEUD
PROVENANCE	APPEAR	SPECTACLE
REBELLION	VEILED	INVENTIVE
TENT	SCOTTISH	APOLOGUE
INTERLOCKING	HUMOROUS	RECURRING
SELECT	CURATORS	PORTIA
COPYIST	FASCINATION	REFINED

Puzzle # 60

FORMATIVE	PUPPETRY	SWORN
EMPHATIC	LORD	ERRORS
NUPTIAL	INVENTIVE	PROLIFIC
REPARTEE	THRONE	DUPLICITOUS
RETELL	DUNCAN	DEATH
SERIALIZED	FESTIVE	CUNNING
CAUSE	CLASSROOMS	MASQUERADE
VOCAL	READS	ADAPTION

Puzzle # 61

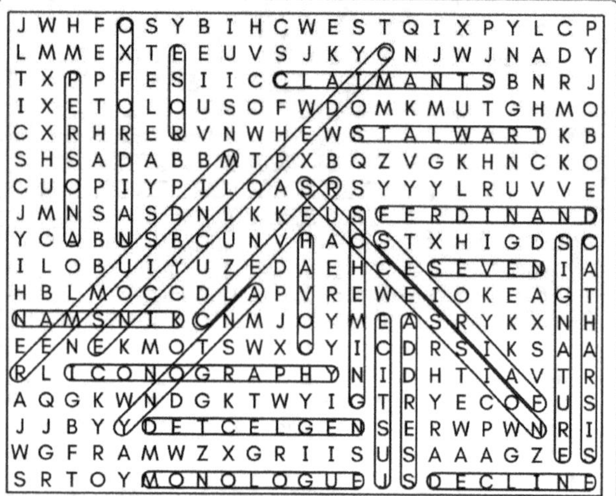

ROSE	FERDINAND	SEVEN
NEGLECTED	ICONOGRAPHY	STALWART
DECLINE	JUSTICE	MIDSUMMER
MONOLOGUE	PERSONA	HAVOC
CLEVER	ADDRESS	SIGNATURE
SCHEMING	ANTONY	KINSMAN
CLAIMANTS	FAIRIES	CATHARSIS
SUCCESSION	OXFORDIAN	ENCYCLOPEDIC

Puzzle # 62

POETIC	DESDEMONA	LINEAGE
ANALYTICAL	TRINITY	OPHELIA
ARCHIVAL	DISDAIN	VILLAGE
ANTAGONIST	DOCILE	DIADEM
LORD	INTROSPECTION	PENMANSHIP
MAJESTY	SCENES	LOVER
VEILED	VIEWERSHIP	COMMUNAL
RIVAL	ANALYSIS	ANTHOLOGIES

Puzzle # 63

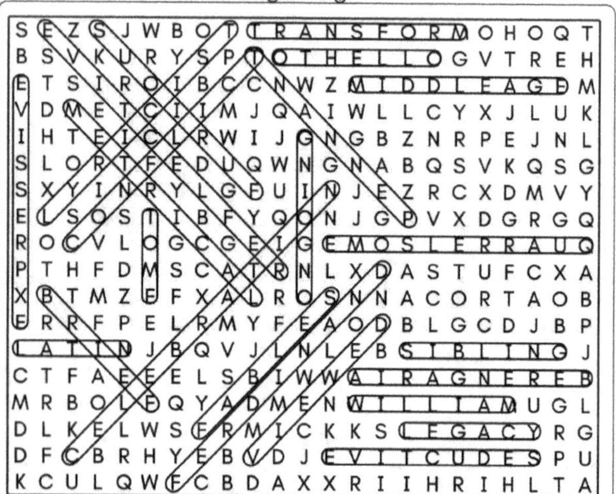

LYRICIST	WILLIAM	SEDUCTIVE
BRIEF	LEGACY	FABLES
REFLECTIVE	TRANSFORM	EXPRESSIVE
PENNANT	CONFLICT	QUARRELSOME
METRICAL	CELEBRATION	MIDDLE-AGE
BERENGARIA	LATIN	OTHELLO
TOME	VIEWED	SIBLING
FERDINAND	FURIOUS	ONGOING

Puzzle # 64

SONNETEER	GALLERY	PERSONA
RIDDLES	INFLUENCE	THATCH-ROOF
SIGNATURE	PERVERSE	ELIZABETH
TRAGIC	CIRCUMSTANTIAL	RELEVANCE
GRAMMAR	MELANCHOLY	MISATTRIBUTED
PROBE	THUNDER	FRAIL
INFINITE	TECHNOLOGY	COSTUMES
YORK	MOTIVATION	CRITICAL

Puzzle # 65

TRAGEDIAN	TYBALT	ENIGMA
HEROISM	TUDOR	HUBRIS
FORGOTTEN	SUCCESSES	SCRIPT
PORTIA	THINGS	HAUNT
IMMERSION	DEVOTION	HORATIO
DON	FLOURISHES	RIVAL
QUOTES	DYNAMIC	FARCE
CONTESTED	LINES	CULTURE

Puzzle # 66

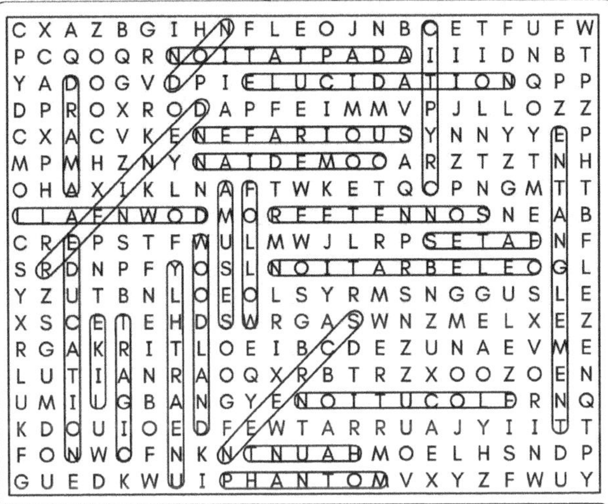

SONNETEER	ENTANGLEMENT	NEFARIOUS
CRYPTIC	COMEDIAN	AMUSES
LIKE	DON	EDUCATION
CELEBRATION	FOLLOW	WOODLAND
DRAMA	DOWNFALL	PHANTOM
SCREEN	ADAPTATION	TRAGIC
HAUNT	REFINED	ELOCUTION
FATES	UNEARTHLY	ELUCIDATION

Puzzle # 67

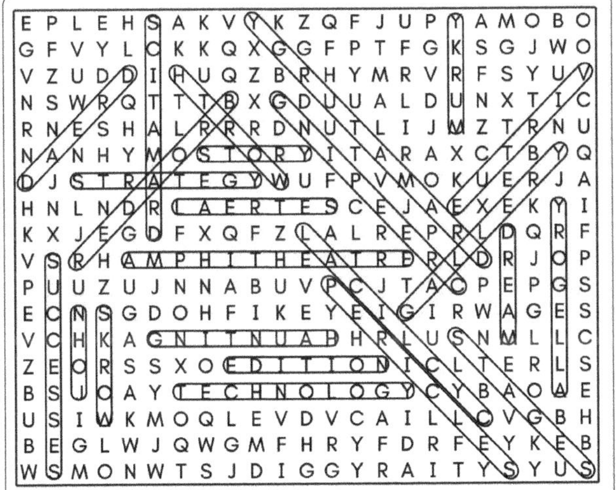

DRAMATICS	DREAM	EDITION
SUCCESSES	JOHN	WORKS
BROADER	DREAD	DRAMATURGY
VIRTUE	PERICLES	MURKY
ALLEGORY	STRATEGY	LAERTES
HAUNTING	AMPHITHEATRE	CYCLICAL
WORTH	STORY	GALLERY
STAGES	CREEPING	TECHNOLOGY

Puzzle # 68

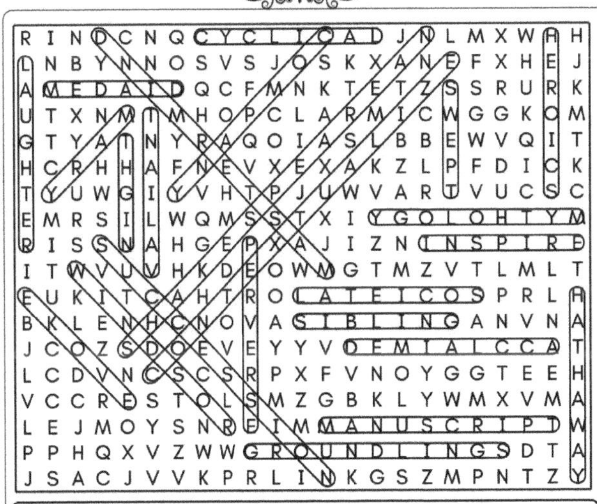

MARY	SIBLING	ACCLAIMED
MYTHOLOGY	INSPIRE	GROUNDLINGS
WINDSOR	MASTERMIND	SHAKESPEAREAN
CYCLICAL	SWEPT	PERVERSE
HATHAWAY	COMPANY	SOCIETAL
HEROICS	EVOKE	NIGHT
LAUGHTER	VALIANT	SUCCESSION
MANUSCRIPT	CONTEXTUALIZE	DIADEM

Puzzle # 69

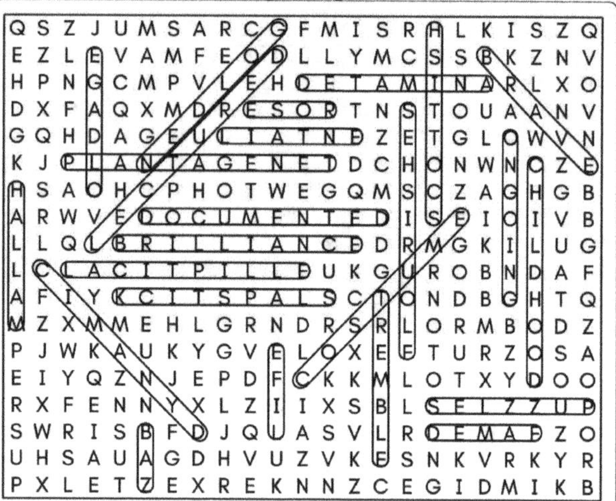

GOLDEN	COSTUME	OLD-AGE
BAZ	CHILDHOOD	SLAPSTICK
DOCUMENTED	ANIMATED	BRILLIANCE
BRAVE	HALLAM	ONGOING
ROSE	PLANTAGENET	TREMBLE
DYNAMIC	ELLIPTICAL	SCOTTISH
FAMED	LECTURED	FLOURISHES
LIFE	PUZZLES	ENTAIL

Puzzle # 70

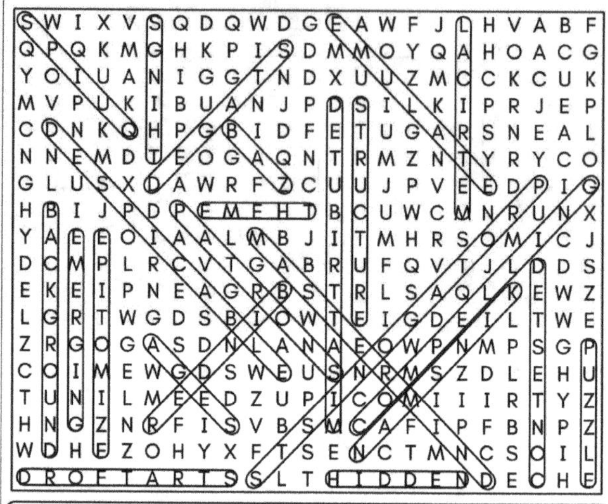

STRATFORD	THEME	HIDDEN
QUIPS	METRICAL	MASTERMIND
CONTESTED	DESPICABLE	PATRONS
PROTAGONISTS	MISATTRIBUTED	PUZZLE
EMERGING	KINSMAN	THINGS
BAZ	EMULATE	AGES
EPITOMIZE	STAGED	STRUCTURE
BINDER	BACKGROUND	COMPELLING

Puzzle # 71

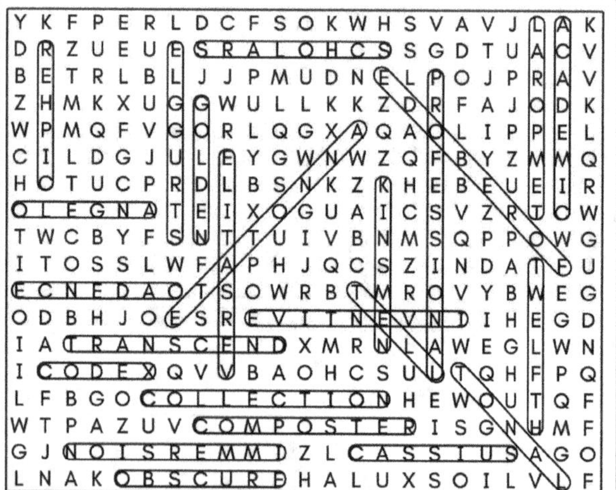

GOLDEN	TWELFTH	ACADEMIC
TONAL	IMMERSION	STRUGGLE
CIPHER	FOREBODE	COMPOSTER
TEMPORAL	KINSMEN	INVENTIVE
VERSATILE	COLLECTION	OBSCURE
CASSIUS	TRANSCEND	CODEX
TELL	ANGELO	PROFESSIONAL
ANNOTATE	CADENCE	SCHOLARS

Puzzle # 72

DRAMATIST	STAGE	CLANDESTINE
RELATABILITY	GRAMMAR	BALCONY
AFFECTIONATE	INTERTWINED	PERFORMED
INTERIOR	CHIVALRY	LOVABLE
STREETS	DREAM	MIMIC
RELEVANCE	PARODY	NIGHT
EASIER	ONGOING	ELOCUTION
ROMANTIC	VILLAINY	PUBLISHED

Puzzle # 73

INSPIRATION	YARD	THEORISTS
MALEVOLENT	METRICAL	UPPER-CLASS
STAGGERS	SCHEMING	PLAYWRITING
AMUSES	PRONUNCIATION	LYSANDER
GREEKS	MORTAL	EXPRESSION
PERPLEXING	BORROW	NEFARIOUS
LEONTES	CIPHERS	REVELRY
VERONA	ANGELO	FESTIVALS

Puzzle # 74

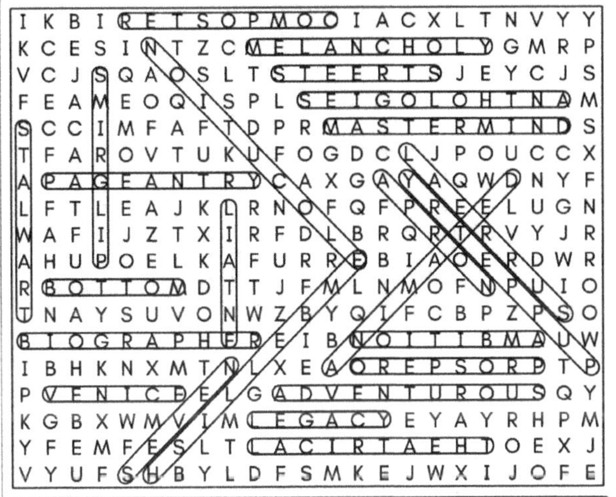

LEGACY	PAGEANTRY	AMBITION
SEVEN	BIOGRAPHER	THEATRICAL
MELANCHOLY	ADVENTUROUS	COMPOSTER
PUPPETRY	PROSPERO	SURREAL
EMBELLISH	ELOCUTION	BOTTOM
ANIMATED	PILGRIMS	APRON
STALWART	ENTAIL	STREETS
VENICE	MASTERMIND	ANTHOLOGIES

Puzzle # 75

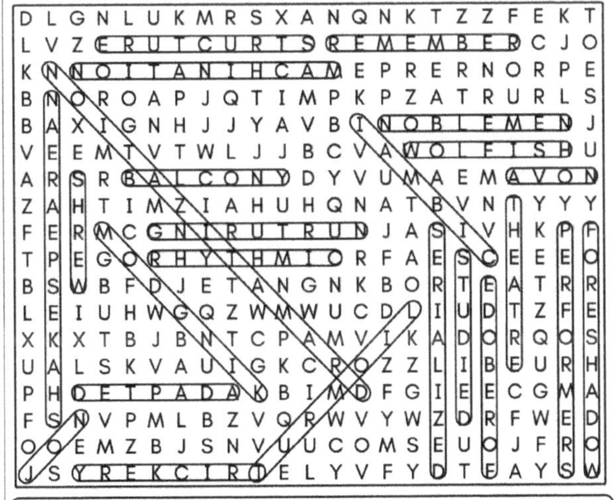

IAMBIC	STRUCTURE	RHYTHMIC
FORESHADOW	THEATRE	NOBLEMEN
KINGDOM	JON	AVON
SHREW	DRAMATIZATION	MACHINATION
NURTURING	TRICKERY	REMEMBER
ADAPTED	PERFORMERS	SHAKESPEAREAN
WOLFISH	SERIALIZED	BALCONY
TURMOIL	FOREBODE	STUDIED

Puzzle # 76

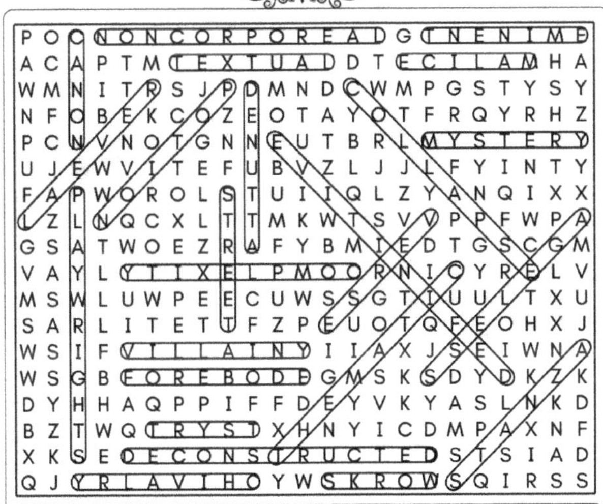

VERSE	COLLAPSE	CANON
NONCORPOREAL	STREET	REVEAL
MYSTERY	POTION	THEMATIC
TRYST	ATTUNED	AGELESS
COMPLEXITY	CHIVALRY	MALICE
EMINENT	PLAYWRIGHTS	STANZA
VILLAINY	DECONSTRUCTED	WORKS
TEXTUAL	FOREBODE	DEFINITIVE

Puzzle # 77

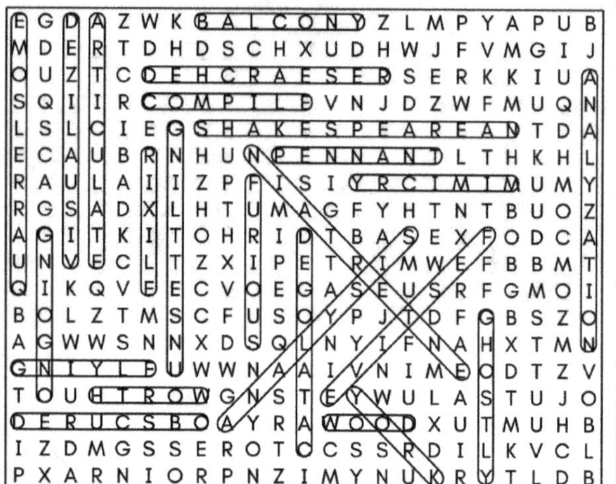

ENTERTAIN	PENNANT	OBSCURED
GHOSTLY	FESTIVE	SHAKESPEAREAN
FURIOUS	UNSETTLING	MIMICRY
ELIXIR	WORTH	QUARRELSOME
BALCONY	YORK	ANALYZATION
VISUALIZED	FLYING	COMPILE
ARTICULATE	ONGOING	WOOD
CATALOGED	ANALYSIS	RESEARCHED

Puzzle # 78

TUDOR	MELANCHOLY	QUINTESSENCE
PROPHECY	KINSHIP	ARIEL
OBSCURE	DREAD	DRAMATURGY
LOVER	WORTH	CRYPTOGRAMS
BURLESQUE	USURP	EVOCATIVE
WITTY	YARD	MASTERFUL
EXCERPT	INVENTIVE	LOVE
BOUNDED	EMPHATIC	AGELESS

Puzzle # 79

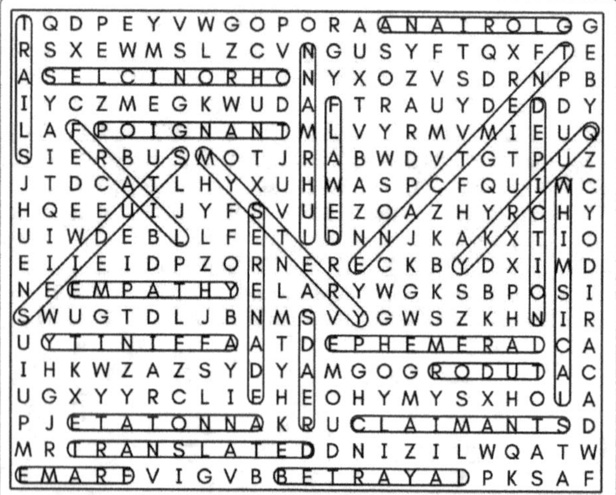

TUDOR	BETRAYAL	ANNOTATE
AFFINITY	GLORIANA	FRAIL
CLAIMANTS	WHIMSICAL	CHRONICLES
FLAWED	MYSTERY	LUHRMANN
DEPICTION	EPHEMERAL	POIGNANT
TRANSLATED	ENACTMENT	SERENADE
READS	TRAILS	QUIRKY
FRAME	EMPATHY	STUDIES

Puzzle # 80

RECITE	YARD	SCOTTISH
GOVERNANCE	APPRENTICE	SOLITUDE
AGES	REGAL	CHILDHOOD
POLONIUS	DEBATE	CHIVALROUS
ANECDOTE	SONNET	HUMAN
ACTORS	MYTHOLOGY	CONSTRAINED
FOREBODE	EDUCATED	AMPHITHEATRE
SUCCESSION	ALBANIAN	CONSULTING

www.ingramcontent.com/pod-product-compliance
Lightning Source LLC
Chambersburg PA
CBHW060202120726
48004CB00007B/1663